《散货船安全检查案例集》编委会

主　　编：李青平

副 主 编：牛国旗

编　　委：李龙飞　左晓强　周延富　牛　阳
孔凡东　张　璋　刘雷达　任仲坦
李　铭　崔红旭　杨全杰　周　佳
李忠杰　赵文国　张　栋　秦粮朋

主　　审：鄂海亮

评审组成员：俞勤伟　王志毅　赵　耀　李华文
周　驰　徐　东　廖南翔　刘世宝
蔡小华　庞海臣

序 Xu

港口国监督作为海上安全的最后一道防线，在保障海上船舶和人命安全方面起到了积极的促进作用。港口国监督越来越受到国际海事组织的重视，全球目前已基本形成以巴黎和东京备忘录组织为主的港口国监督网络，并被广泛认可，其范围基本覆盖全球大部分的港口。散货船因其装卸速度快、营运效率高在全球航运业中发挥着无可替代的作用，其货运量占全球水上货物运输的30%以上，同时散货船因结构构件应力集中、易腐蚀损坏、变形，其安全技术状况成为港口国监督检查关注的重点。近年来国际海事组织和我国海事主管机关相继颁布了一系列针对散货船的有关公约和技术要求，对散货船安全技术状况提出了更高的要求，但是由于业界对公约条款的不同理解和区域性检查及处理原则的不统一，使得在港口国监督检查过程中散货船缺陷认定、船舶滞留等方面时常引发争议，港口国监督检查面临新的形势和挑战。

河北海事局在实施散货船安全监管的实践中，逐步探索和掌握了散货船监管的一些特点和规律，已经建立了一套覆盖散货船锚泊、进港、装卸、离港全过程，符合辖区特色和散货船特点的安全监管体系，在散货船进出港口、现场监管的各个海事监管环节，发挥了重要作用。为进一步强化港口国监督检查在维护散货船运输安全的作用，完善散货船闭环监督管理体系，河北海事局收集整理了大量国内外散货船检查案例，通过对相关案例遴选、总结、分析、研究，编写了《散货船安全检查案例集》。本案例集覆盖了近年来在港口国监督检查过程中发现的散货船典型构件、特定设备的缺陷，对相关案例进行了详细分析，对公约进行了深入解读，同时针对性提出安全管理建议并对公约相关条款进行了全面梳理，为检查员在散货船安全检查工作方面提供了较为全面的参考依据，也为船方在散货船安全操作、维护保养、避免在港口国检查中被滞留等方面提供了十分有益的帮助和指导，具有较高的实用和借鉴作用。

《散货船安全检查案例集》重点突出、通俗易懂、简明扼要，符合海事监管实际，适应船舶安全检查工作的需要，能够成为广大检查人员激发灵感、创新思维、拓宽视野的桥梁，必将在提升港口国船舶安全检查水平、提高检查质量、规范检查行为、树立海事良好形象等方面起到积极的促进作用，并为促进散货船安全营运水平的不断提高贡献积极的力量。

中华人民共和国河北海事局局长：

前言 Qian Yan

由于货运量大、货源充足、航线固定、装卸效率高等因素，散货船运输能获得良好的经济效益，已成为运输船舶的主力军，目前，散货船运输占货物运输的30%以上。散货船因其所载的货种、装载情况和受力变形等特点，导致其容易出现疲劳老化等缺陷，事故概率大。国际海事组织、船级社协会以及航运界、造船业对此高度重视，陆续出台了各种改良方案和措施，国际海事组织(IMO)在1997年11月召开的第4次大会上通过了关于散货船结构安全的SOLAS第XII章“散货船的附加安全措施”，并于1999年7月1日生效，其后又进行了多次修正；同时其他相关公约、强制规定等相继生效和实施都对散货船提出了更高的要求。与此同时，作为海上安全的最后一道防线的港口国监督检查，越来越受到国际海事组织的重视，在保障散货船航行安全方面发挥了积极的促进作用。近年来，在港口国监督检查过程中散货船因结构损坏、设备失效、货物适装等缺陷被滞留案例时有发生，散货船安全技术状况得到航运业各有关方面的广泛关注。

本书收集整理了近年来在检查过程中发现的散货船在定义认定、文件配备、结构损坏、设备部署等方面的典型缺陷案例，以及东京备忘录、巴黎备忘录关于散货船相关案例，从检查概况、各方观点、公约理解、案例分析等方面进行论述，生动详实地再现了各个案例，结合案例对相关公约进行了梳理和详细、深入地解读，并从海事监管和船舶管理两个方面分别对主管机关和航运公司提出了相关工作建议，是海事执法人员学习、检查时的参考资料，也可作为航运公司加强散货船安全管理的参考书。

本书编写过程中，得到了交通运输部海事局、各直属海事局以及中国船级社秦皇岛分社的大力支持，在此一并表示感谢。

由于时间仓促、编写人员水平有限，书中难免会出现疏漏和不妥之处，恳请各位专家、学者和广大读者批评指正。

编者

2013年9月

目录 Mu Lu

案例 1　非典型结构散货船认定案例

一、船舶资料

船名	UNI FOR **	呼号	SAV **
国籍	挪威	IMO 编号	910 **
种类	散货船	总吨	23981
建造日期	1998.2	船级社	DNV
船长(m)	175	型深(m)	15.1
航区	无限	主机功率(kW)	7880

二、检查概况

2011 年 9 月 4 日，检查员对该轮进行检查，该轮建造时间为 1998 年。检查中发现该轮的安全设备证书、安全构造证书等证书中注明的船舶种类为其他货船，而船舶的安全管理证书注明为散货船，同时船级社将该轮作为普通杂货船对待，未要求该轮满足 SOLAS 公约第 XII 章散货船安全附加措施相关要求；但是从船体结构来看，该轮的货物处所具有双舷侧、双层底、底边舱结构，但没有顶边舱，船级证书中标注为“杂货船 散货船”，在船级证书的解释条款中注明“标注散货船”的含义为该轮主要用于运输散装干货，同时，该轮货物装卸记录也证明该轮一直从事散装矿石等散装货物的国际运输。结合该轮结构设计和船舶用途，检查员认定该轮为散货船，因该轮安全设备证书、安全构造证书等证书船舶种类与实际船舶种类不符，且该轮不满足 SOLAS 公约 XII 章要求，检查员对船舶采取滞留措施，并要求船级社验船师登轮进行检验。其中发现涉及缺陷及描述如下：

1. 01101 S. E. CERT AND S. C. CERT INVALID DUE TO SHIP TYPE DEFINED INCORROCT

公约依据：S74 1994AMEND/CIX/R1.6

行动代码：30

2.17101 SHIP NOT COMPLY WITH THE REQUIREMENTS OF SOLAS74 CXII, WHICH IS A BULK CARRIER AS DEFINED IN SOLAS

公约依据:S74 1997AMEND/ CXII/R2

行动代码:30

三、公约依据

SOLAS74 1994AMEND/ CIX/R1.6——散货船系指在货物处所中通常建有单甲板、顶边舱和底边舱,且主要用于运输散装干货的船舶,包括矿砂运输船和兼用船等船型。

SOLAS74 1997AMEND/ CXII/R2——散货船除满足其他各章的适用要求外,还应满足本章的要求。

四、各方观点

(一)争论焦点

本案例主要针对在1994年5月24日召开的SOLAS公约第二届缔约国大会通过的SOLAS公约1994修正案第IX章第1.6条,关于散货船定义中“散货船系指货物处所通常建有单层甲板、顶边舱和底边舱”的规定上,是否以货物处所具有单层甲板、顶边舱和底边舱等结构作为散货船的认定标准。

(二)RO观点

该轮虽然主要从事散货运输,但该轮不具备传统散货船的结构特点,没有设置顶边舱,应认定为普通杂货船,并将船舶安全管理证书等相关证书中的船舶类型更改为杂货船。

(三)检查员观点

该轮应认定为散货船,并适用SOLAS公约第XII章散货船安全附加措施相关要求。理由如下:

SOLAS公约1994修正案第IX章第1.6条关于散货船定义为:“货物处所中通常建有单层甲板、顶边舱和底边舱,且主要用于运输散装干货的船舶,包括诸如矿砂船和兼装船等船型。”该轮虽然不具备传统散货船的基本特征,未设置顶边舱且为双舷侧结构,但该轮主要用于散货运输的目的,散货船定义中“货物处所通常建有单层甲板、顶边舱和底边舱”应理解为对散货船结构的一般介绍,“通常”(generally)的限定,不能将散货船的“单层甲板、顶边舱和底边舱”的结构特点作为认定船舶是否归类于散货船的必须条件。因此应认定该轮为散货船。

五、缺陷纠正

船东对船级社认定该轮为普通杂货船提出了异议，考虑到散货船与杂货船的市场价值区别，由于经济利益的影响，船东要求船级社将该轮认定为散货船。最终缺陷纠正如下：

1. 船级社认定该轮为散货船。
2. 重新签发安全设备证书、安全构造证书等证书。
3. 按照SOLAS公约XII章的要求对该轮实施特别加强检验（ESP）并加装了货舱进水报警等设备，以满足公约对散货船附加安全要求。

六、案例分析

（一）公约理解

2006年7月1日前，SOLAS公约1994修正案第IX章第1.6条关于散货船定义为：“货物处所中通常建有单层甲板、顶边舱和底边舱，且主要用于运输散装干货的船舶，包括诸如矿砂船和兼装船等船型。”同时，SOLAS公约的各章也都引用这一定义。该定义以货物处所主要结构形式和主要运输散货作为识别散货船的条件，该定义中“通常”一词可以理解为在制定公约过程中各缔约国成员在充分考虑到散货船结构的多样化以及由此对执行公约产生的一系列问题的基础上，增加“通常”一词加以限制，故可以认为当船舶的用途为“主要用于运输散装干货”，且货物处所中未建有“单层甲板、顶边舱和底边舱”等散货运输船舶典型结构时，可认定为散货船。但1997年11月27日在SOLAS公约第6届缔约国大会通过的决议6《对业经1994年修正的1974SOLAS公约第IX章所给出的“散货船”定义的解释》中，对第IX/1.6条所给定的“散货船”定义进一步加以解释为“在装货处所具有单甲板、顶边舱和底边舱结构且主要用于运输散装干货的船舶；或矿石船；或混装船”，较为明确地指出散货船的装货处所应具有“单甲板、顶边舱和底边舱结构”。因此对于2006年7月1日前建造的主要从事散货运输，但未布置“单甲板、顶边舱和底边舱”等结构的船舶，也可不认定为散货船。

2004年12月9日，海安会MSC.170(79)号决议通过SOLAS公约修正案于2006年7月1日生效，其中关于散货船的定义规定为“散货船系指主要用于散装运输干货的船舶，包括诸如矿砂船和兼装船等船型”，不再规定散货船的基本结构特点，而以船舶的主要用途作为认定船舶类型的标准，消除了公约以前规定的不确定性。但对2006年7月1日以前建造的船舶，散货船仍沿用以前的规定。

（二）案例点评

该案例争论焦点在于具有非典型结构形式的船舶依据SOLAS公约1994修正案第IX章第1.6条关于散货船定义如何认定为散装货船。该定义中有两个必要条件即“货物处所中通常建有单层甲板、顶边舱和底边舱”、“主要用于运输散装干货的船舶”，在船舶种类认定中，RO与PSCO对于该轮为“主要用于运输散装干货的船舶”无疑义，矛盾焦点主要集中于该轮的货物处所中是否“通常建有单层甲板、顶边舱和底边舱”。PSCO认为因有“通常”一词加以限制，“单层甲板、顶边舱和底边舱”等典型结构不能作为将船舶认定为散货船的必要条件，因此该轮可认定为散货船，并得到该轮船东的支持，船级社才将该轮船舶类型确定为散货船。但值得注意的是，在《对业经1994年修正的1974SOLAS公约第IX章所给出的“散货船”定义的解释》中较为明确地指出散货船的装货处所应具有“单甲板、顶边舱和底边舱结构”，因此，该案例中PSCO坚持将该轮的船舶类型确定为散货船值得商榷。

本案例由于船东考虑到散货船和杂货船的市场价值，主动要求船级社将船舶类型同意修正为散货船，并且按照SOLAS公约第XII章要求，对船舶进行了修理和检验。

本案例中，船舶的建造时间为1998年，按照当时SOLAS公约对散货船的定义及以后的解释，该轮不具备“单层甲板、顶边舱和底边舱”的典型结构，因此不能简单定义为散货船；而该案例检查时间为2011年，当时SOLAS 2004修正案已经将第XII章散货船定义修订为：散货船系指主要用于运输散装干货的船舶，包括诸如矿砂船和兼装船等船型。该轮是主要用于运输散装干货的船舶，因此应当满足SOLAS第XII章有关散货船的各项要求。综上，该轮不满足SOLAS第IX章散货船定义，但是满足第XII章散货船定义，在缺陷纠正时，将该轮SMC更改为其他货船的船舶类型，同时该轮要满足第XII章有关要求更为妥当。

七、工作建议

（一）对海事工作的建议

1. 在初步检查中，应注意检查SMC、SE、SC等相关证书中船舶类型是否一致,DOC 证书是否覆盖上述证书中登记的船型。

2. 对于非典型结构散货船特别是2006年7月1日前建造的非典型结构散货船的认定,首先要确定船舶是否为"主要用于运输散装干货的船舶",如果是,且满足了"单层甲板、顶边舱和底边舱"等典型结构就应当认定为 SOLAS 公约第九章定义的散货船;未满足"单层甲板、顶边舱和底边舱"等典型结构不应当认定为 SOLAS 公约第九章定义的散货船。但是该船是"主要用于运输散装干货的船舶",应当满足 SOLAS 公约第 XII 章有关要求,可考虑确定该轮为非典型结构散货船。

3. 注意检查船舶以往载货记录。船东希望多用途船可以逃脱 SOLAS 第 XII 章的要求,并在散货船定义中的"主要运输散装干货"上做文章,表示多用途干货船只是偶尔运输散装货物,并非主要,不应受到第 XII 章要求的限制,因此,在检查过程中做好"主要运输散装干货"的界定,注意对以往载货记录的检查。

4. 在提出关于散货船定义方面重大缺陷前应充分与船级社、船旗国沟通,以避免产生争议。

(二)对船方管理的建议

1. 综合考虑船舶设计用途、经济效益等因素建议船旗国合理确定船舶类型,并使之符合公约相关要求。

2. 应注意核查船舶相关证书中船舶类型是否一致,DOC 证书是否覆盖所属船舶的船型。

3. 营运中充分考虑船舶对于货物的适装性,船舶类型是否能够满足所装货物的要求。

八、公约相关条款梳理

(一)SOLAS74 1994AMEND

生效时间:1998年7月1日

适用范围:国际散货运输船舶

相关条款:

CIX/R1——定义

6 散货船系指在货物处所中通常建有单甲板、顶边舱和底边舱,主要用于运输散装干货的船舶,包括矿砂运输船和兼用船等船型。

(二)对业经1994年修正的1974SOLAS公约第IX章所给出的“散货船”定义的解释(SOLAS/CONF.4/6)

生效时间:1998年7月1日

适用范围:国际散货运输船舶

相关条款:

R1——敦促SOLAS公约各缔约国政府,为实施SOLAS公约第IX/2.1.2条和第XII章,对第IX/1.6条所给定的“散货船”定义加以解释,意指在装货处所具有单甲板、顶边舱和底边舱结构且主要用于运输散装干货的船舶;或矿石船;或混装船。

(三)SOLAS74 1997AMEND

生效时间:1999年7月1日

适用范围:1999年7月1日~2006年7月1日建造船舶

相关条款:

CXII/R1——定义

1 “散货船”系指第IX/1.6条所定义的散货船。(散货船系指在货物处所中通常建有单甲板、顶边舱和底边舱,主要用于运输散装干货的船舶,包括矿砂运输船和兼用船等船型。)

2 “单舷侧结构散货船”系指货舱边界为舷侧壳板的散货船。

(四)SOLAS74 2004AMEND

生效时间:2006年7月1日

适用范围:2006年7月1日以后建造船舶

相关条款:

CXII/R1——定义

1 散货船系指主要用于运输散装干货的船舶,包括诸如矿砂船和兼装船等船型。

2 单舷侧结构散货船系指1所定义的散货船,该船:

.1 货舱任何边界均为舷侧壳板;或

.2 一个或多个货舱边界为双舷侧结构;2000年1月1日以前建造的散货船,该双舷侧结构宽度小于760mm;2000年1月1日或以后,但在2006年7月1日以前建造的散货船,该双舷侧结构宽度小于1000mm;该宽距按垂直于舷侧壳板量取。此类船包括货舱任何边界均为舷侧壳板的兼装船。

3 双舷侧结构散货船系指 1 所定义的所有货舱边界均为双舷侧结构,与 2.2 所定义者不同的散货船。

4 双舷侧系指船舶每侧均由舷侧壳板与纵舱壁组成的构造型式,该纵舱壁连接双层底和甲板。底边舱和顶边舱(如设有)可为双舷侧构造的组成部分。

(五)术语"散货船"的澄清和 SOLAS 对偶尔运输散装干货、按第 XII/1.1 条和第 II-1 章不视为散货船的船舶应用指南[MSC.277(85)]

生效时间:2008 年 11 月 28 日

适用范围:2009 年 1 月 1 日及以后安放龙骨的专用船舶

2010 年 7 月 1 日及以后安放龙骨的偶尔装运散装干货的船舶

相关条款:

1 敦促相关各国政府:

.1 对 2009 年 1 月 1 日或以后安放龙骨或处于类似建造阶段的 SOLAS 所定义的散货船和本决议 1.5 所述的船舶应用本决议的规定;

.2 对 2010 年 7 月 1 日或以后安放龙骨或处于类似建造阶段的 SOLAS 所定义的散货船和本决议 1.3.2、1.6 和 1.7 所述偶尔运输散装干货的船舶应用本决议的规定;

.3 对术语"散货船"及其定义作如下解释:

.1 "主要用于运输散装干货"系指设计主要用于载运散装干货和运输以散装形式载运及装卸并占用船舶全部或大部分货物处所的货物;和

.2 "包括诸如矿砂船和兼装船等船型"和"在货物处所中通常建有单层甲板、顶边舱和底边舱"系指因不是矿砂船或兼装船或缺乏部分或全部规定的构造特征的船舶,仍视为所定义的散货船;

.4 关于上述定义,注意到散货船可运输并非散装装卸的货物,而运输此类货物时仍然是散货船;

.5 就确定船型而言,为避免将 SOLAS 第 II-1、III、IX、XI-1 和 XII 章的规定不适当地用于专用船型,下列物质应从视为散装运输干货的货物范围中排除:

.1 木片;和

.2 水泥、烟灰和糖,

但装卸应不采用抓斗(重于 10 吨)、动力铲和其他经常损坏货舱结构的方式进行；

.6 允许除 1.3 和 1.5 所述之外的船舶偶尔运输散装干货，但：

.1 这类船舶应是双舷侧结构（“双舷侧结构”见 SOLAS 第 XII 章关于散货船的定义）；

.2 核定干舷应为无减少干舷的 B 型；和

.3 这类船舶应按如下所示范围符合 SOLAS 适用于散货船的规则：

SOLAS Covention
第 II-1/3-2.2 条（所有类型船舶专用海水压载舱和散货船双舷侧处所保护涂层）❶
第 XII/6.2、6.3 和 6.4 条（散货船的结构要求及其他要求）
第 XII/10 条（固体散货密度申报）
第 XII/11 条（装载仪）
第 XII/12 条（货舱、压载舱和干燥处所进水报警装置）
第 XII/13 条（泵系的有效性）

.7 允许船长小于 100m 的单舷侧结构船舶偶尔运输散装干货，但：

.1 核定干舷应为无减少干舷的 B 型；和

.2 这类船舶应按如下所示范围符合 SOLAS 适用于散货船的规则：

SOLAS 规则
第 XII/11 条（装载仪）
第 XII/12 条（货舱、压载舱和干燥处所进水报警装置）
第 XII/13 条（泵系的有效性）

.8 注意到以上 1.6 所述船舶通常设有中间甲板或船艏和船艉部位货舱区域的内部形状有不连续处，如图 1-1 所示。

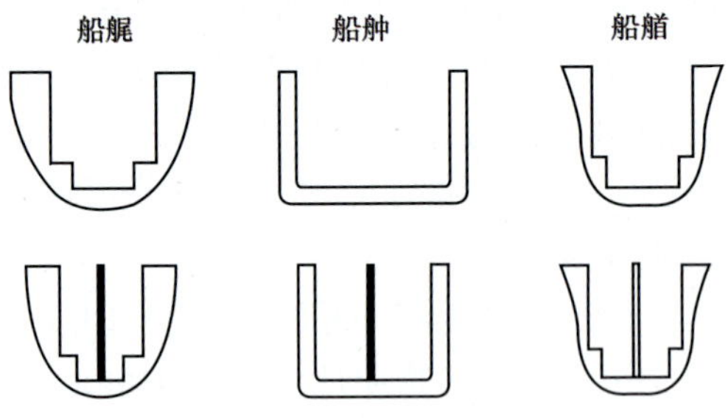

图 1-1 船艏、船艉及船舯部位货舱内部货舱形状

❶ 符合 1.6 的船舶的双舷侧留空处所应按与散货船双舷侧处所相同的方式处理。

.9 不将符合1.6和1.7的船舶视为散货船，但在符合相关规则规定的情况下，允许这类船舶偶尔运输散装干货；和

.10 对1.5规定下的船舶和偶尔运输散装干货的船舶签发一份声明，证明其适用本决议1.5、1.6或1.7的规定；

2 请相关各国政府提请所有相关方注意本决议的内容。

案例 2　典型结构散货船认定案例

一、船舶资料

船名	ROYAL **	呼号	3FI **
国籍	基里巴斯	IMO 编号	890 **
种类	杂货船	总吨	38138
建造日期	2007.10	船级社	ABS
船长(m)	225	型深(m)	19.15
航区	无限	主机功率(kW)	8306

二、检查概况

2010 年 9 月 17 日，检查员对该轮实施 PSC 检查，发现该轮船舶类型为杂货船，SMC 证书中的船舶类型为“其他货船”，但是该轮具有单层甲板、顶边舱和底边舱等散货船典型结构特点，同时在对该轮载货信息进行检查时发现该轮在最近 10 个航次中有 4 次载运散货，因此按照 SOLAS 公约第 IX 章第 1.6 条有关散货船定义该轮应该是一艘散货船；另外，根据该轮所属公司 DOC 显示，该轮所属公司不能管理散货船。鉴于该轮登记船舶类型与实际船舶类型不符，检查员对船舶采取滞留措施。其中发现涉及缺陷及描述如下：

1. 01107 SMC INVALID BECAUSE SHIP TYPE HAS BEEN IDENTIFIED AS “OTHER CARGO SHIP”, BUT THE SHIP IS A BULK CARRIER AS DEFINED IN SOLAS

公约依据：SOLAS74 1994AMEND/CIX/R1.6 R4.3

行动代码：30

2. 01106 DOC INVALID FOR SHIP'S MANAGEMENT BECAUSE THE DOC HAS NOT CERTIFIED FOR MANAGEMENT OF BULK CARRIER

公约依据：SOLAS74 1994AMEND/CIX/R1.6 R4.1

行动代码：30

三、公约依据

SOLAS74 1994AMEND/CIX/R1.6——散货船系指在货物处所中通常建有单甲板、顶边舱和底边舱、主要用于运输散装干货的船舶，包括矿砂运输船和兼用船等船型。

SOLAS74 1994AMEND/CIX/R4.1——“符合证明”应签发给符合《国际安全管理规则》要求的每一公司。该证明应由主管机关、主管机关认可的机构或接受主管机关的请求的另一缔约国政府签发。

SOLAS74 1994AMEND/CIX/R4.3——主管机关或主管机关认可的机构应为每艘船舶签发一份名为“安全管理证书”的证书。在签发该证书前，主管机关或其认可的机构应审核该公司及其船上管理是否按照经认可的安全管理体系运行。

四、各方观点

(一)争论焦点

本案例争论焦点有两个：一是散货船应依据SOLAS公约第Ⅸ章第1.6条定义还是依据第XII章第1.1条定义，前者以主要结构形式和主要运输散货作为识别散货船的条件，而后者仅以“主要运输散装干货”作为识别散货船的条件；二是如何界定“主要运输散装干货”。

(二)船旗国观点

船旗国政府并不认可滞留决定，理由如下：

1. 根据经船旗国履约大会第18次会议7.24.4项修订的A.787(19)决议中的要求，检查员在实施港口国监督检查中应当以船旗国签发的证书为指导，该证书明确说明该轮为杂货船，所以检查员应当认为该轮为杂货船而非散货船。虽然该轮定义上的散货船结构，但由于其不能严格满足散货船的要求，所以船旗国政府将其降级为杂货船。

2. 该轮已降级为杂货船，与其他杂货船相同，当其满足装载散货的要求仍可装载散货。

3. 该轮安放龙骨日期为2007年10月12日，所以应当根据SOLAS 2004修正案第XII章第1.1条散货船定义为“主要用于运输散装干货的船舶，包括诸如矿砂船和兼装船等船型”，而不是依据第Ⅸ章第1.6条的定义。所以，不能以该轮建有单层甲板、顶边舱和底边舱就将其定义为散货船。

4. 综合考虑两种散货船定义中判定的主要标准为该船的主要用途为运送干散货，该轮自2009年5月13日登记注册以后，55个航次中10次运送散货，所占比例为18%，所以不论按照SOLAS第IX章或第XII章的定义都不能认为该轮是散货船。

5. 即便该轮在该国注册以前，航行于东京备忘录的大多数港口包括港口国(日本)的其他港口都没有出现问题，所以不同意在其他港口都认为该轮为杂货船的情况对该轮滞留。

6. 如果港口国当局的滞留决定是恰当和可接受的，相同情况的船舶在航行中同样会被滞留，将会引起许多麻烦和困扰。

(三)检查员观点

1. 该轮被滞留的原因是该轮按照SOLAS第Ⅸ章第1.6条的要求应当被认定为散货船。该轮的结构和实际用途都符合散货船的定义。依据第Ⅸ章的定义该轮具有单层甲板、顶边舱和底边舱的结构特点；并且该轮在最近10个航次中有4次载运散货。由于SMC及DOC证书都是根据第Ⅸ章签发，所以SMC认为该轮定义为杂货船是无效的。

同时，在滞留期间，船旗国曾对证书做出书面解释，该轮被限制为只装运非散装货物，并且该轮只在装运非散装货物时该轮为杂货船。但该轮的载货记录显示该轮用途已超出证书所列范畴，所以这也是该证书无效的明显证据。

2. 滞留缺陷是关于安全管理证书和符合证明，均与ISM规则有关。船舶的结构和实际用途都满足SOLAS第Ⅸ章中关于散货船的定义，所以安全管理证书和符合证明都应当符合第Ⅸ章中关于散货船的定义要求。因此船旗国关于该轮安放龙骨时间的解释是没有意义的。

3. 船旗国履约大会第18次会议第7.24.4项f关于A.787(19)的修正仍在讨论，所以没有实际意义。

4. 考虑到该轮的实际营运状况，该轮在最近10个航次中有4次运输散货，远远超过所说的偶尔装载，违反证书中说的禁止装运散货的情况，港口国当局做出滞留决定充分考虑了船旗国所签发的证书，并且在滞留后船旗国向港口国当局提供详细的航次信息显示该轮55个航次中有10次载运散货，也未能体现出该轮是偶尔运输散货的情况。

综上，该轮的滞留是合理的。

五、缺陷纠正

1. 船旗国将该轮船舶种类认定为散货船。

2. 该轮所属公司申请新的 DOC 以证明其可以管理散货船，船旗国重新为该轮签发 SMC 证书。

3. 按照 SOLAS 公约第 XII 章的要求进行附加检验，以满足公约对散货船附加安全要求。

六、案例分析

（一）公约理解

随着散货船各项新要求的频繁推出，过快的修订和引用使散货船定义产生了分歧。尤其在 2006 年 7 月 1 日 SOLAS 修正案 MSC. 170（79）生效并修订了 XII 章散货船的定义之后，SOLAS 各章中关于散货船的定义出现了较大分歧。

2006 年 7 月 1 日前以结构形式和运输散货作为识别散货船条件，SOLAS 第 IX 章（船舶安全营运管理）第 1.6 条定义为："散货船系指在货物处所具有单甲板、顶边舱和底边舱，且主要用于运输散装干货的船舶，包括诸如矿砂船和兼装船等船型。"同时，SOLAS 公约的各章也都指向这一定义。

2006 年 7 月 1 日后以主要运输散货作为识别散货船的条件，SOLAS 第 XII 章（SOLAS2004 修正案）第 1.1 条定义为："散货船系指主要用于运输散装干货的船舶，包括诸如矿砂船和兼装船等船型。"同时 SOLAS 公约的第 II-1 章 2.14 条也指向这一定义。第 XII 章新定义的"散货船"，扩大了 SOLAS 第 XII 章的适用面。

2008 年 12 月召开的第 85 届海安会批准了 MSC. 277（85）决议《散货船术语澄清和偶尔装运散货和不视作 SOLAS XII/1.1 和 II-1 定义的散货船的船舶的 SOLAS 规定应用指南》，指南分操作性措施和结构要求两部分，具体规定了三类船舶，即 SOLAS 定义的散货船、偶尔装运散货的船舶和装运专门散货的船舶，并分别规定了 SOLAS 公约各章对各类船型的适用要求。

在 MSC. 277（85）决议中，散货船的定义最终完全偏向船舶的用途。对于 SOLAS 公约定义的散货船，明确"主要运输散装干货"，即指主要设计用来装运散装干货，且设计用来在其装货处所专门运输在装、卸和装运过程中均为散货状态的货物；对于"包括诸如矿砂船和兼装船等船型"和"在货物处所中通常建有单层甲板、顶边舱和底边舱"，新的解释认为即使不是矿砂船或兼用船，或者缺乏部分或全部结构特征，主要运输散装干货船舶仍应视为散货船。定义强调船舶设计时为散货船则将终身为散货船，即使船舶由散货船改为主要装运单元货物也仍视为散货船。对2009年1月1日及以后安放龙骨的专用船舶和2010年7月1日及以后安放龙骨的偶尔装运散装干货的船舶均受这一定义的限制。

“装运专门散货船舶”系指专门装运碎木、水泥、飞尘和散糖货物，且在装卸时不采用超过10吨的抓斗、铁铲和其他经常会损坏货舱结构的设备的船舶，不必适用SOLAS第II-1、III、XI-1、XII章中适用于散货船的条款。对于“偶尔装运散货的船舶”，从舷侧结构、干舷核定、SOLAS相关条款规定等几个方面提出了较苛刻的技术要求，迫使很多非散货船型船舶将被限制装运散货。上述两类船舶定义分别适用2009年1月1日和2010年7月1日及以后安放龙骨或处于类似建造阶段的该类型船舶，并应持有一份声明用以证明已满足MSC.277(85)相关条款的要求。

（二）案例点评

根据从船旗国和港口国提供的信息，该轮从散货船降低标准为杂货船的前提是运输非散装货物，该轮有4/10(10/55)次运输散货，该轮运输散货时的实际用途已经违反了船旗国提出的限制。另外，如果船旗国允许在本国登记的杂货船运送干散货，其应在相应的各个证书中注明允许这样做的货物种类和相关理由，船旗国拥有合理解释和运用SOLAS公约要求的义务和权力，但其应该保证公约运用的统一和一致。另外55个航次中10次运送散货，最近10个航次中4次运送散货，是否能认定该轮主要从事干散货运输有待商榷。

七、工作建议

（一）对海事工作的建议

1. 在判断一条船是否属于散货船时，要同时考虑SOLAS第IX章和第XII章中以及MSC.277 (85)中关于散货船的定义，并要注意各个定义的适用范围。

2. 对于2006年7月1日及以前安放龙骨的典型结构散货船，由于公约各章对散货船的定义相同，故不会产生冲突；对2006年7月1日至2010年7月1日安放龙骨的船舶，如果按结构特点和船舶用途（查看货运记录是否主要装运散货）均符合散装船的定义，而结构证书或设备证书或安全管理证书中为多用途的船舶,则可以向其船旗国或公司提出质疑。如果符合结构特点的定义,而只是偶尔装载散货的多用途船,则应认为其符合公约要求。

3. 对于2010年7月1日之后安放龙骨的"偶尔装运散货的船舶"装运散装货物,在检查过程中应注意检查船舶是否满足相关限制条件并是否持有一份声明用以证明已满足MSC.277(85)相关条款的要求。

4. 对2010年7月1日之后安放龙骨的船舶,则只要查看船舶设计时该船是否用来装载散装干货即可。

5. 在2011年2月21日IMO船旗国履约分委会第19次会议上明确指出:"关于'散货船'概念的适用,检查员在判断一艘船舶是否为'散货船'时,必须以船旗国签发的证书为准,而无论该船载运的货物种类如何"。检查员在实际工作中应予以考虑。

2011年11月30日,国际海事组织27次大会的第九项议程通过了《2011年港口国监督程序》(A.052(27))。其中第1章1.7条定义,1.7.1散货船:根据SOLAS第IX章第1.6条、第XII章第1.1条和MSC.277(85)决议中的定义,为进行港口国监督,检查员在判定该船舶是否为散货船时,应以证书中载明的船舶类型为指导,并意识到在证书上为表明为散货船且未按照散货船设计的船舶,在满足上述条款的情况下可以装运一定的散装货物。

因此在发现船舶存在此类缺陷时,如果船旗国或认可组织签发的证书与公约要求相悖,应当联系船旗国或认可组织提出质疑,并阐述理由。除非有明显证据表明船舶低于公约标准,切不可盲目采取滞留措施。

(二)对船方管理的建议

1. 综合考虑船舶设计用途、经济效益等因素建议船旗国合理确定船舶类型,并使之符合公约相关要求。

2. 根据船舶类型合理安排货源,避免出现船舶不适装的情况。

3. 注意核查DOC证书是否覆盖所属船舶的船型。

4. 避免投机取巧,以"偶尔装运散货的船舶"为幌子长期从事散货运输,以免造成更大的损失。

5. 发生类似本案例情况时,尽快与港口国和船旗国主管部门沟通,做好解释说明工作,避免不当滞留的发生。

八、公约相关条款梳理

同案例1。

案例3　散货船载运甲板货物案例

一、船舶资料

船名	BLUE ＊＊	呼号	VR ＊＊
国籍	中国香港	IMO 编号	937 ＊＊
种类	散货船	总吨	20987
建造日期	2009.5	船级社	LR
船长(m)	179.9	型深(m)	15.2
航区	无限	主机功率(kW)	7780

二、检查概况

2012 年 2 月 28 日，检查员对该轮实施港口国监督检查。在检查船舶拟装载货物清单时，发现船舶拟载货物不是散货，而是房屋箱，用于某矿场人员起居生活，目的地是澳洲。

通常散货船是用来装载散装货物的，如用于装载箱式货物，是需要特别系固的。通过进一步检查货物布置图(图3-1)，发现该批货除了货舱内装载外，甲板上还要装载2层。随后，安检员从以下两方面进一步检查确认：

1. 船舶是否持有《系固手册》?《系固手册》是否包含拟装载状况?

2. 船舶《稳性手册》、《装载手册》是否包含拟装载状况? 尤其是甲板载货的状况?

经检查，该船配备有《系固手册》，且《系固手册》内容包含甲板装载箱式货物的状况。但是在查看《稳性手册》、《装载手册》后，没有找到甲板装载箱式货物的状况。缺陷描述如下：

1. 02103　LOADING INFORMATION FOR INTENDED CARGO NOT IN STABILITY/LOADING BOOKLET

公约依据：LOADLINE66 2003AMEND/ANI/R10

行动代码：17

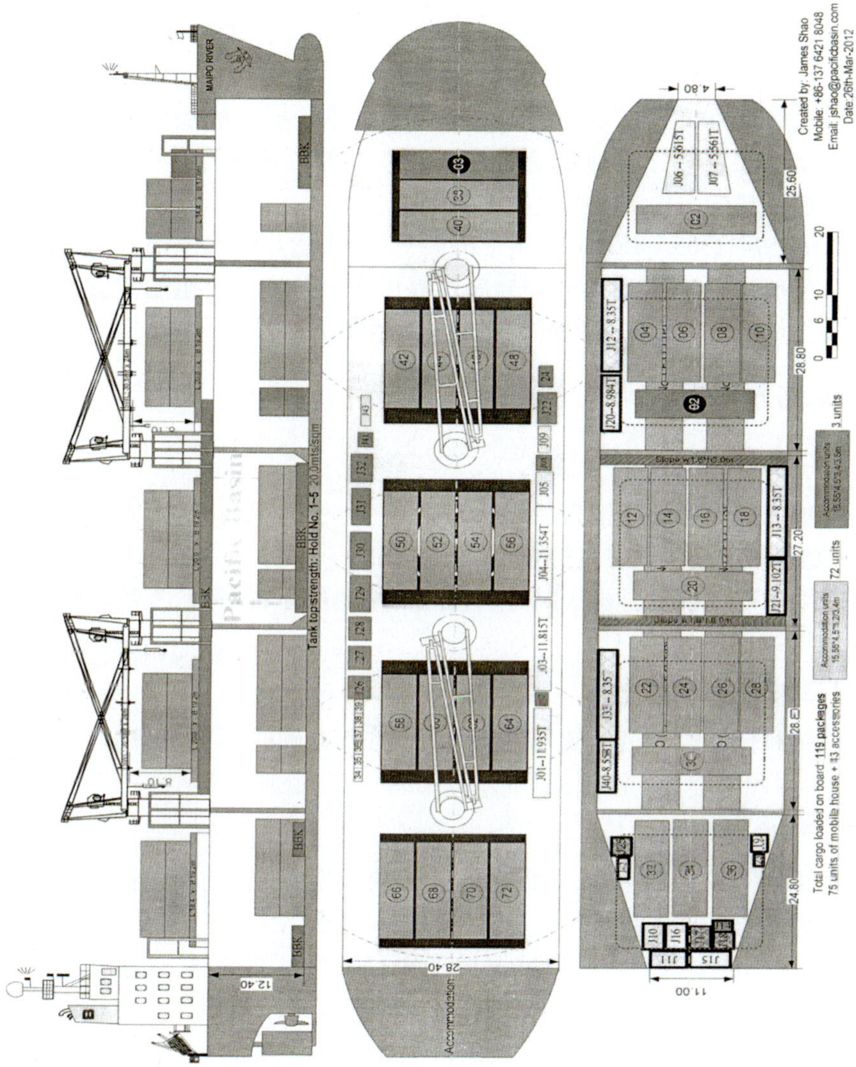
Created by: James Shao
Mobile: +86-137 6421 8048
Email: jshao@pacificbasin.com
Date 26th-Mar-2012
Total cargo loaded on board 119 packages
75 units of mobile house + 13 accessories
Tank top strength: Hold No. 1-5 20.0mts/sqm
MAIPO RIVER
Accommodation

图 3-1　货物布置图

三、公约依据

LOADLINE66 2003AMEND/ANI/R10.(2)——应以主管机关或认可组织批准的格式向船长提供资料。稳性资料以及第(1)款要求的与船舶强度相关的装载资料,应连同已经过主管机关批准的证明一起始终保存在船上。

SOLAS74 2005AMEND/CII-1/R5-1——提供给船长的稳性资料使其在各种营运状态下能以迅速和简单的方法获得有关船舶稳性的准确指导。应将稳性资料的一份副本提供给主管机关。

SOLAS74 2005AMEND/C II-1/R19——对于适用第 B-1 部分的破损稳性要求的船舶,破损稳性资料应向船长提供在一舱室或一组舱室破损的所有情况下简便且易于掌握的评估船舶幸存性的方法。

四、各方观点

(一)船东观点

1. 船东收到船长的报告后,认为这是一件很严重的事情,立即联系船级社,要求船级社尽快答复检查员的意见。

2. 要求船级社对公司所属的所有同类型船舶予以排查,发现类似问题一律限期纠正。

(二)船级社观点

船级社同意检查员的缺陷处理意见,但考虑到时间紧,稳性计算的工作量大,因此申请下一港纠正。

(三)检查员观点

如果检查港是到达港,甲板已经装载箱式货物,船上不能提供相应装载状况的稳性和破损稳性资料;或者,检查港是始发港,甲板已经装载箱式货物,船上不能提供相应装载状况的稳性和破损稳性资料,这两种情况都对船舶的安全构成了重大安全隐患,毫无疑问应该予以滞留。鉴于本案例中该轮并未装货,因此检查员要求该轮开航前纠正缺陷。

五、缺陷纠正

检查员不同意船级社下一港纠正缺陷的意见,认为稳性是核定船舶安全的核心指标,如果没有稳性资料,船舶不仅不能开航,还不能装载货物。

在这种情况之下,船级社就叫船员计算稳性后申请复查。船员计算的稳性结果虽然满足稳性要求,但检查员仍不同意纠正缺陷,原因是该状况稳性计算未经主管机关批准。

之后船级社在船员计算的稳性资料上加盖船级社的检验章,注明稳性满足要求希望获得安检员的认可。但检查员认为船员计算的稳性只是装载状况的稳性,没有计算破损状况的稳性,所以仍没有同意船级社的意见。

最后船级社安排人员对该种装载状况的稳性和破损稳性进行校核,并出具相应的报告,检查员核实后,对相关缺陷予以闭合。

六、案例分析

(一)公约理解

SOLAS 公约 2006 年修正案对第 II-1 章第 5-1 条和第 19 条相关内容进行修改,并于 2009 年 1 月 1 日生效,对货船稳性资料和破损稳性资料有相关规定,用以对船舶稳性进行指导。对于运输甲板装载箱式货物的散货船,应满足《系固手册》、《稳性手册》、《装载手册》等相关公约要求,取得 RO 的相关认可,采取合理的措施保障船舶安全适航。

(二)案例点评

1. 我们知道散货船通常是用来装载散装货物的,对一艘国际航行船舶而言,正常情况下船舶的《稳性手册》、《装载手册》等资料是满足要求的,不会有什么问题。本案例中检查员凭借敏感的嗅觉,发现了装载货物的异常情况,就此准确把握了检查的要点,用专业知识查出了船级社已批准的《稳性手册》和《装载手册》未列入的装载状况,及时制止了一起可能产生重大安全隐患的事故,避免了一起滞留事件。

2. 涉及船舶结构、稳性等因素的缺陷是属于性质严重的缺陷,且与船级社责任有关。本案例中的船舶尚未对甲板装载状况的稳性和破损稳性进行计算,就拟装载相应状况的货物,可以予以滞留。实际处理时检查员并未对该船舶进行滞留,而是要求开航前纠正,考虑的主要因素是:检查港是船舶始发港,该船虽然未对甲板装载箱式货物进行稳性和破损稳性校核,但检查时尚未开始装载,也就是涉及安全和防污染的危险还未存在,没有事实上对安全和防污染构成威胁,因此未予滞留。

3. 检查员在解答船级社的处理意见时,没有听从船级社的辩解,而是坚持原则,对重大缺陷坚持开航前纠正处理,充分与船级社沟通,对缺陷的处理和船级社的答复也非常妥当。

4. 本案例中,该轮甲板装载箱式货物,还应考虑甲板货物是否对驾驶台瞭望视线或雷达盲区产生影响,并提供计算书以验证甲板货物的堆放满足 SOLAS 公约第 V 章第 22 条驾驶室可视范围的要求。

七、工作建议

(一)对海事工作的建议

1. 散货船检查中,应加强检查船舶货物装载方面是否达到公约要求,特别是除散货外其他的装载状况要严格把关,确保船舶稳性、系固等要求达到航行安全的基本条件。

2. 对发现的缺陷,可能导致严重影响未来航程的船舶安全,或可能造成海洋环境受到污染的,特别是判断与认可组织有关的,要充分与其沟通,并对其采取的措施合理评估,查看能否达到公约、修正案和强制性规则、规定的要求。

(二)对船方管理的建议

1. 落实《稳性手册》、《装载手册》等资料内容要求,尤其是对甲板装载状况的稳性和破损稳性要求,确保新增加装载状况适航。

2. 完善船舶安全管理体系,加强对责任船员相关知识培训。

八、公约相关条款梳理

(一)MSC/Circular. 1108

生效时间:2004 年 6 月 6 日

适用范围:2004 年 6 月 6 日以后建造的散货船

相关条款:

国际海事组织(IMO)海上安全委员会第 78 届会议于 2004 年 5 月 12 日至 21 日在伦敦召开,重点是修改检验通道及相关技术规定、改变强制要求散货船采用双舷侧结构的决定、海上保安等内容。会议发布通函《散货船装卸载及压载水交换总纵强度评估导则》(MSC/Circular. 1108),其中有如下内容:

散货船的《装载手册》应包含准许的甲板载货状况。

(二)经 MSC. 75(69)决议修正的 A. 749(18)决议《关于 IMO 文件包括的所有船舶的完整稳性规则》

生效时间:2006 年 7 月 1 日

适用范围:2006 年 7 月 1 日以后建造船舶

相关条款:

1993 年,IMO 通过了 A.749(18)决议(《关于 IMO 文件包括的所有船舶的完整稳性规则》),并在 1998 年以 MSC.75(69)决议对此进行了修正。

2.1.2 明确要求“每艘船舶应提供经主管机关批准的稳性手册”。新增加的装载状况只有经主管机关批准才能成为稳性手册的一部分。

(三)LL66

生效日期:1968 年 7 月 21 日

适用范围:24m 及以上船舶

相关条款:

ANI/R10——供给船长的资料

(2)每艘新船的船长尚未获得根据现行的国际海上人命安全公约规定的稳性资料时,应向船长提供足够的按批准格式填写的资料,以使他在不同营运条件下作为船舶稳性的依据,并应将资料副本 1 份送本局。

(四)LL66 2003AMEND

生效日期:2005 年 1 月 1 日

适用范围:24m 及以上船舶

相关条款:

ANI/R10——供给船长的资料

(2)应以主管机关或认可组织批准的格式向船长提供资料。稳性资料以及第(1)款要求的与船舶强度相关的装载资料,应连同已经过主管机关批准的证明一起始终保存在船上。

(五)SOLAS74

生效日期:1980 年 5 月 25 日

适用范围:500 总吨以上国际航行货船

相关条款:

CII-1/R19 客船与货船的稳性资料

一、每艘客船及货船在完工时应作倾斜试验,并确定其稳性要素。应按需要将这类可靠的资料供给船长,使其在各种营运状态下能以迅速而简便的方法获得有关船舶稳性的正确指导,此外,并应将副本一份提供给主管机关。

（六）SOLAS74 1981AMEND

生效日期:1984 年 9 月 01 日

适用范围:500 总吨以上国际航行货船

相关条款:

CII-1/R22 客船和货船的稳性资料

1. 每艘客船,不论其大小,按现行国际船舶载重线公约的规定船长为 24m 及以上的每艘货船,应在完工时作倾斜试验,并确定其稳性要素。应将主管机关同意的这些资料提供给船长,以便使他能用迅速而简便的方法获得有关各种营运状态下船舶稳性的正确指导。应将稳性资料的副本一份提供给主管机关。

（七）SOLAS74 2005AMEND

生效日期:2009 年 1 月 1 日

适用范围:500 总吨以上国际航行货船

相关条款:

CII-1/R5-1——提供给船长的稳性资料

1 使其在各种营运状态下能以迅速和简单的方法获得有关船舶稳性的准确指导。应将稳性资料的一份副本提供给主管机关。

2 这些资料应包括:

.1 确证符合有关完整和破损稳性要求的最小营运稳心高度(*GM*)对吃水的关系曲线或表格,或者相应的最大许用重心高度(*KG*)对吃水的曲线或表格,或者与这些曲线等效的其他形式;

.2 有关横贯注水装置的操作说明;和

.3 为保持要求的完整稳性和破损后稳性可能需要的其他数据和辅助措施。

3 稳性资料应表明在操作的纵倾范围超过 L_s 的 +/-0.5% 的情况下各种纵倾的影响。

4 对于必须满足 B-1 部分稳性要求的船舶,本条第 2 段所述的资料应按照下述方式从分舱指数有关的考虑中确定:与 ds、dp 和 dl 三种吃水对应的最小要求 *GM*(或最大许用重心高度 *KG*)等于用于计算生存因数“s”的相应装载情况下的 *GM*(或 *KG* 值)。对于中间吃水,所采用的值应分别对通过最深分舱吃水和局部分舱吃水之间和部分载重线和空船营运吃水之间的 *GM* 值的线性内插法取得。通过保留每一吃水的最小要求 *GM* 值的最大

值或最大许用 *KG* 值的最小值，来计入完整稳性衡准。如果对不同纵倾计算分舱指数，则应以相同方式确立若干条要求的 *GM* 曲线。

5 当最小营运初稳心高度（*GM*）对吃水的曲线或表格不恰当时，船长应确保营运状态不会偏离研究的装载条件，或通过计算核验稳性衡准在这种装载条件可以得到满足。

CII-1/R19——破损控制资料

1 清晰地表明各层甲板及货舱的水密舱室界限、其中的开口及其关闭装置和控制装置的位置和用来校正浸水倾斜的装置，以供值班高级船员参考。此外，还应给船上高级船员提供载有上述资料的小册子。

2 在航行中允许敞开的客船水密门应在船舶稳性资料中予以清楚记载。

3 所包括的一般预防措施应包括主管机关认为在正常船舶操作情况下保持水密完整性所必需的设备、状态和操作程序清单。

4 所包括的具体预防措施应包括主管机关认为对船舶、旅客和船员生存至关重要的要素清单（如关闭、货物系固、报警声响等）。

5 对于适用第 B-1 部分的破损稳性要求的船舶，破损稳性资料应向船长提供在一舱室或一组舱室破损的所有情况下简便且易于掌握的评估船舶幸存性的方法。

案例4　货物运输不适装案例
（国内航行散货船）

一、船舶资料

船名	大＊＊	呼号	Bl＊＊
国籍	中国	IMO 编号	××××
种类	散货船	总吨	8367
建造日期	2008.3	船级社	ZC
船长(m)	140	型深(m)	12.6
航区	近海	主机功率(kW)	2970

二、检查概况

2013 年 3 月 7 日，“大＊＊”轮载运 13500 吨镍矿抵达国内某港口，检查员登轮检查在初步检查中，发现船舶未按规定填写《散货船装卸船/岸检查项目表》，据此明显缺陷对该轮实施详细检查。在接下来的详细检查中，发现该轮载运属于易流态化固体散装货物的镍矿，船舶未按照《水路运输易流态化固体散装货物安全管理规定》制定相应操作规程及应急预案，且未建立定期演练制度，船员不熟悉载运易流态化固体散装货物的有关规定，由于该轮在载运易流态固体散装货物方面存在重大缺陷，检查员依照相关程序对该轮实施了滞留，主要滞留缺陷如下：

1. 2535　未制定易流态化固体散装货物相应操作规程及应急预案

法规依据：《水路运输易流态化固体散装货物安全管理规定》第 21 条

行动代码：30

2. 2540　未建立易流态化固体散装货物定期演练制度

法规依据：《水路运输易流态化固体散装货物安全管理规定》第 21 条

行动代码：30

3. 2515　船员不熟悉载运易流态化固体散装货物的有关规定

法规依据:《水路运输易流态化固体散装货物安全管理规定》第 23 条
行动代码:30

三、法规依据

《水路运输易流态化固体散装货物安全管理规定》

第 21 条:船舶应当根据装运易流态固体散装货物的要求,制定操作规程和应急预案,建立定期演练制度,完善各项处置措施。

第 23 条:船舶经营人或管理人应对船员加强有关专业知识的培训和考核,使其熟悉易流态化固体散装货物的特性、操作规程及应急预案。

四、缺陷纠正

1. 船舶将相关情况上报至公司,公司海务主管组织人员根据相关要求编写了《水陆运输易流态化固体散装货物操作规程》及《易流态化货物安全运输专项培训教材》。

2. 船方在收到公司有关文件后,立即组织船员开展相关培训,熟悉和掌握有关船舶载运易流态化固体散装货物的有关要求及船舶应急预案。

3. 船舶管理公司将相关文件及应急预案纳入到体系文件当中,并通知所属船舶吸取"大 * * "轮滞留教训,船舶对培训及演习计划作出适当修改,增加相关载运易流态固体散装货物的培训和应急演练。

4. 缺陷整改完毕后,应船方申请,检查员对该轮进行了复查,复查合格后对该轮解除滞留。

五、案例分析

(一)法规理解

国际海事组织海上安全委员会第 85 届会议通过了《经修正的 1974 年国际海上人命安全公约》第 VI 章和第 VII 章的修正案,同时通过了《国际海运固体散装货物规则》,该修正案和规则将于 2011 年 1 月 1 日强制生效。我国作为《经修正的 1974 年国际海上人命安全公约》的缔约国,上述修正案和规则也将于同日对我国生效。2011 年 11 月 9 日,交通运输部下发《交通运输部关于公布水路运输易流态化固体散装货物安全管理规定的通知》(交水发〔2011〕638 号),制定《水路运输易流态化固体散装货物安全管理规定》并从下发之日起施行。

其中,第 21 条有如下规定:船舶应当根据装运易流态固体散装货物的要求，制定操作规程和应急预案，建立定期演练制度，完善各项处置措施。本案例中船舶载运货物为水路运输易流态化固体散装货物，因此应该制定操作规程和应急预案，建立定期演练制度，完善各项处置措施。

尽管本案例船舶为到港船舶，但其履行《水路运输易流态化固体散装货物安全管理规定》相关措施并不到位，依然构成重大安全隐患，从这个角度出发，检查员对其实施滞留措施。

（二）案例点评

近年来，随着我国易流态化固体散装货物水路运输量的持续增长，由于装卸和运输方面有关安全管理措施不到位，水上交通事故多发。案例中缺陷表明，该轮所属公司对《水路运输易流态化固体散装货物安全管理规定》落实不到位，体系不完善，船员相关规定不熟悉，公司管理存在漏洞，构成重大缺陷。

本案例中缺陷主要体现在体系方面，且船舶为到港卸货，尽管属于重大缺陷，单就体系方面的缺陷而言，18 应该比 30 更合适。但鉴于该轮船员对相关规定不熟悉，对规定不能有效落实，也构成重大安全隐患，综合判定给出了滞留的处理意见，在缺陷处理上船方并无异议。

六、工作建议

（一）对海事工作的建议

1. 规范船舶载运易流态化固体散装货物行为，加强航运公司源头管理，重点对具有化学危险性的固体散装货物（包括固体散装危险货物）和易流态化的固体散装货物，特别是精矿粉等特别危险货物的装载情况进行监督检查。

2. 突出检查重点，尤其是：船舶持有的申报单据、证书证明和货物资料；船舶持有的危险货物适装证书（第 6.2 类和第 7 类除外）、稳性资料手册；船舶应配备的氧气探测仪等设备配备情况；船舶与码头商定的装卸计划及其执行情况；以及货物装卸作业、平舱作业和恶劣天气下作业等情况的监督检查。

（二）对船方管理的建议

1. 落实《水路运输易流态化固体散装货物安全管理规定》，要求公司认真学习法规，结合船舶实际制定操作规程及应急预案，建立定期演练制度，完善各项处置措施，确保规定各项措施执行到位。

2. 完善船舶安全管理体系，加强对责任船员相关知识培训。

七、法规相关条款梳理

《水路运输易流态化固体散装货物安全管理规定》

生效日期：2011 年 11 月 9 日

适用范围：适用于中华人民共和国管辖范围内港口间运输船舶和到港船舶、港口以及其他有关单位从事易流态化固体散装货物运输、装卸、储存和检测等活动。

相关条款：

第 21 条：船舶应当根据装运易流态固体散装货物的要求，制定操作规程和应急预案，建立定期演练制度，完善各项处置措施。

第 23 条：船舶经营人或管理人应对船员加强有关专业知识的培训和考核，使其熟悉易流态化固体散装货物的特性、操作规程及应急预案。

案例5 货物运输不适装案例
（国际航行散货船）

一、船舶资料

船名	DA **	呼号	VR **
国籍	H. K CHINA	IMO 编号	91 **
种类	散货船	总吨	10817
建造日期	2010. 8	船级社	CCS
船长(m)	117. 6	型深(m)	14. 3
航区	无限	主机功率(kW)	4413

二、检查概况

2013年4月8日，检查员在对到港卸货某轮进行PSC检查时，经现场抽检，发现该轮货物表面已经明显液化（图5-1），随即检查员对其实施详细检查，该轮存在船上提供的舱单显示船舶所载货物种类（IRON ORE FINES）超出该轮固体散装货物适装证书所列种类、船上缺少详细的货物资料（包括"固体散货的货物资料表格"、货物含水率及其可运含水极限证书

图5-1 货物明显液化

等），船舶所载货物种类（IRON ORE FINES）为A类易流态化固体货物，货物表面已经明显液化，经现场抽检，货物含水率已超过货物适运水分极限，货物不适运、船长对公司安全管理体系文件中“装运固体散装易液态化固体散装货物操作须知”等体系文件不熟悉等主要缺陷。如图5-2所示。

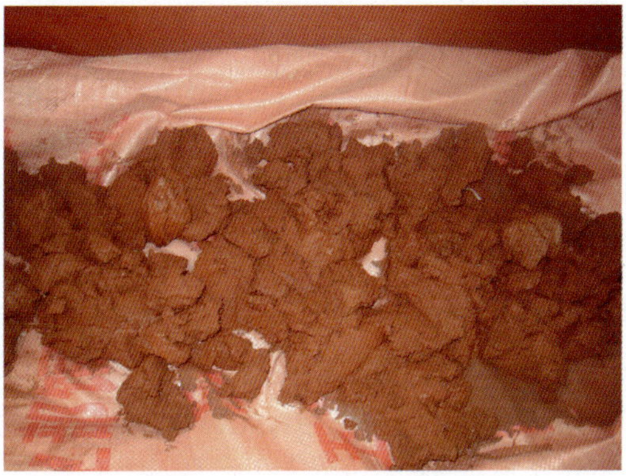

图5-2　货物状况

1.01134　　CARGO TYPE EXCEED CERTIFICATE OF COMPLIANCE FOR THE CARRIAGE OF SOLID BULK CARGOES

公约依据：IMSBC/CVI/R2

行动代码：30

2.06105　　WATER CONTENT OF CARGO ON BOARD MORE THAN LIMIT

公约依据：SOLAS74 2002AMEND/CVI/R2

行动代码：30

3.15104　　MASTER NOT FAMILIAR WITH SYSTEM FILE OF “A” SOLID BULK CARGOES

公约依据：SOLAS74 1994AMEND/CIX/R5

行动代码：17

三、公约依据

IMSBC/CVI/R2——托运人须在装货前及早向船长或其代表提供关于该货物的有关资料，以使为此类货物的适当积载和安全装运所必需的预防措施得以付诸实施。此类资料须在货物装船前以书面形式和适当的运输单证予以确认。

SOLAS74 2002AMEND/CVI/R2——对于散装货物，应有关于货物积载因数、平舱方法、移动的可能性包括休止角,如可行,以及任何其他相关特性的资料,如为浓缩物或可以液化的其他货物,应有关于货物含水率及其可运含水极限证书的附加资料。

SOLAS74 1994AMEND/CIX/R5——安全管理体系应按照《国际安全管理规则》的规定予以保持。

四、各方观点

(一)争论焦点

货物含水率是否已超过货物适运水分极限。

(二)船方观点

船长辩称,按照《国际海运固体散装货物规则》(IMSBC 规则),船舶所载货物种类(IRON ORE FINES)为 C 类,无需提供货物适运水分极限证书和一份经签署的水分含量证书。

(三)检查员观点

按照《水路运输易流态化固体散装货物安全管理规定》中《水路运输易流态化固体散装货物目录(2011 版)》第 37 项规定,货物(IRON ORE)为 A 类易流态化固体货物,且该公司体系文件也有引入《水路运输易流态化固体散装货物目录(2011 版)》,该轮到我国港口,应该遵守港口国的法律;PSC 检查发现货物表面已经明显液化,经现场抽检,货物含水率已超过货物适运水分极限。对船舶采取滞留,船舶需卸载货物后才能开航。

五、缺陷纠正

经专业机构对该轮货物取样送检,结果显示其货物水分含量超出适运水分极限。对于前两条缺陷(代码 01134、06105),要求其卸载货物后才能开航;对于第三条缺陷(代码 15104)要求其开航前纠正。在该轮卸货完毕后,公司对船长进行相关培训后申请复查,检查员复查合格后对其解除滞留。

六、案例分析

(一)公约理解

按照《国际海运固体散装货物规则》(IMSBC 规则,于 2011 年 1 月 1 日强制生效)附录 4,船舶所载货物种类(IRON ORE FINES)——铁精矿明确为 A 组货物，因此，船长说法不正确。

（二）案例点评

1. 经检查该轮《固体散装货物适装证书》（CERTIFICATE OF COMPLIANCE FOR THE CARRIAGE OF SOLID BULK CARGOES）中标记“The ship is suitable for the carriage of following cargoes as listed in Group A 、Group B (cargo list on appendix 1 of this certificate)、Group C of the IMSBC Code”，所以第一条缺陷认定该轮所载货物超出《固体散装货物适装证书》所规定的货物不恰当。

2. 船长不熟悉所载货物种类（IRON ORE FINES）操作要求，甚至对其归类也不清楚，对规定不能有效落实，也构成重大安全隐患，检查中应对船员特别是高级船员对货物载运知识的监督检查，以及船舶体系有关要求的核查。

3. 检查中，检查员依据《水路运输易流态化固体散装货物目录（2011版）》对该轮所载货物进行判定是不确切的，因为依据《国际海运固体散装货物规则》所列的货物种类（IRON ORE FINES）——铁精矿亦为 A 组货物。本案例的公约依据可以优先适用《国际海运固体散装货物规则》，因为依照我国《民法通则》，关于涉外民事关系的法律适用，中华人民共和国缔结或者参加的国际条约同中华人民共和国的民事法律有不同规定的，适用国际条约的规定，但中华人民共和国声明保留的条款除外。

七、工作建议

（一）对海事工作的建议

1. 针对载运易流态固体散装货物运输船舶的危险性，严把审批关，认真核查易流态固体散装货物的适运水分极限检测、含水率等检测报告，严格杜绝船舶装运含水率超标的易流态化货物装船出港，并加大现场检查力度，加强雨季载运易流态化货物船舶安全监管，加强船舶装货过程进行监控。

2. 加强与相关航运公司的联系，在体系审核、船舶管理和船员培训等方面建立长效机制，确保所有可能载运易流态化货物船舶船长和甲板部船员受到有效培训。

（二）对船方管理的建议

1. 部分船员对《国际海运固体散装货物规则》（IMSBC 规则）及易流态

化货物运输操作仍不熟悉，建议航运公司引起足够的重视，在装运货物时不应超出“船舶固体散装货物适装证书”所列货物种类。

2. 加强航运公司对载运易流态固体散装货物运输船舶安全管理，确保所有可能载运易流态化货物船舶船长和甲板部船员受到有效的培训，熟悉和掌握有关船舶载运易流态化固体散装货物的有关要求及船舶应急预案，提高船员在载运易流态化货物时的事故预防和应急应变能力。

八、公约相关条款梳理

(一)《国际海运固体散货规则》(IMSBC)

生效日期:2011 年 1 月 1 日

适用范围:1. 为 2002 年 7 月 1 日或以后建造的、装运《1974 年国际海上人命安全公约》第 VII/7 条界定的散装固体危险货物(第 6.2 和 7 类除外)的船舶;2. 在 1984 年 9 月 1 日以后但在 2002 年 7 月 1 日之前建造的 500 总吨或以上的货船;3. 1992 年 2 月 1 日以后但在 2002 年 7 月 1 日之前建造的低于 500 总吨的货船。

相关条款:CVI/R2——货物资料

1　托运人须在装货前及早向船长或其代表提供关于该货物的有关资料，以使为此类货物的适当积载和安全装运所必需的预防措施得以付诸实施。此类资料须在货物装船前以书面形式和适当的运输单证予以确认。

2　货物资料须包括:

.1　对于杂货和以货物单元运输的货物，应有货物的一般说明、货物或货物单元的毛重和货物的任何有关特性。就本条而言，须提供本组织以第 A.714(17)决议通过并可能经修正的《货物积载和系固安全实用规则》第 1.9 节所要求的货物资料。第 1.9 节的任何修正案须按照有关《公约》附则除第 I 章外的适用修正案程序的《公约》第 VIII 条规定予以通过、实施和生效。

.2　对于固体散货，应有《国际海运固体散货规则》第 4 节要求的资料。

3　在货物单元装船前，托运人须确保这类货物单元的毛重与运输单证中表明的毛重是一致的。

(二) SOLAS74 1991AMEND

生效日期:1994 年 1 月 1 日

适用范围:500 总吨以上国际航行货船

相关条款:

CVI/R2——货物资料

1　发货人应在装货前及早向船长或其代理提供关于该货物的适当资料，以便能够实施此种货物的适当积载和安全运输所必需的预防措施。此种资料应在货物装船前以书面方式①和适当的运输单据加以确认。

2　货物资料应包括:

.1　对于杂货和在货物成组运输器具中运输的货物:对货物、货物或货物成组运输器具的毛重和货物的任何有关特性的一般陈述。

.2　对于散装货物:关于货物积载因数的资料、平舱程序，如为浓缩物或可以液化的其他货物，以证书形式出现的有关货物的含水率及其可运水分限度的额外资料。

.3　对于未按第Ⅶ/2 条规定分类但具有造成潜在危害的化学性质的散装货物:除上述各项要求的资料外，还应有关于其化学性质的资料。

在货物成组运输器具装船前，发货人应确保此种器具的毛重与运输单据中声明的毛重是一致的。

①本条所指的单证并不排除作为书面文件的一种辅助手段而使用电子数据处理（EDP）和电子数据交换（EDI）的传输技术。

（三）SOLAS74 1994AMEND

生效日期:1996 年 7 月 1 日

适用范围:500 总吨以上国际航行货船

相关条款:

CVI/R2——货物资料

将上述 1991AMEND 第 2.1 条修正为:

2　货物资料应包括:

.1　对于杂货和在货物成组运输器具中运输的货物:对货物、货物或货物成组运输器具的毛重和货物的任何有关特性的一般陈述;就本条而言，应当提供本组织以 A·714（17）决议案通过的货物堆装和系固实用安全规则（其可以被修正）的第 1.9 条款所要求的货物资料。任何这种对第 1.9 条款的修正案均应按本公约第Ⅷ条有关除第Ⅰ章条款以外的附件的修正程序予以通过、生效和实施。

(四)SOLAS74 1996AMEND

生效日期:1998 年 7 月 1 日

适用范围:500 总吨以上国际航行货船

相关条款:

CVI/R2——货物资料

1 发货人应在装货前及早向船长或其代理提供关于该货物的适当资料,以便能够实施此种货物的适当积载和安全运输所必需的预防措施。此种资料①应在货物装船前以书面方式②和适当的运输单据加以确认。

就本条而言,应当提供本组织以 A.714(17)决议案通过的货物堆装和系固实用安全规则(其可以被修改)的第 1.9 条款所要求的货物资料。任何这种对第 1.9 条款的修正案均应按本公约第 VIII 条有关除第 I 章以外的附件的修正程序予以通过、生效和实施。

2 货物资料应包括:

.1 对于杂货和在货物成组运输器具中运输的货物:对货物、货物或货物成组运输器具的毛重和货物的任何有关特性的一般陈述。

.2 对于散装货物,应有关于货物积载因数、平舱方法、移动的可能性包括休止角,如可行,以及任何其他相关特性的资料,如为浓缩物或可以液化的其他货物,应有关于货物含水量及其可运含水极限证书的附加资料。

.3 对于未按第Ⅶ/2 条规定分类但具有造成潜在危害的化学性质的散装货物:除上述各项要求的资料外,还应有关于其化学性质的资料。

3 在货物成组运输器具装船前,发货人应确保此种器具的毛重与运输单据中声明的毛重是一致的。

①货物资料格式参见海安会 MSC/Circ.663 通函。

②本条所指的单证并不排除作为书面文件的一种辅助手段而使用电子数据处理(EDP)和电子数据交换(EDI)的传输技术。

(五)SOLAS74 2002AMEND

生效日期:2004 年 1 月 1 日

适用范围:500 总吨以上国际航行货船

相关条款:

CVI/R2——货物资料

将上述 1996AMEND 第 2.3 修正为:

.3 对于未按第Ⅶ/1.1 中定义的 IMDG 规则规定分类但具有造成潜

在危害的化学性质的散装货物:除上述各项要求的资料外,还应有关于其化学性质的资料。

(六)SOLAS74 2008AMEND

生效日期:2011 年 1 月 1 日

适用范围:500 总吨以上国际航行货船

相关条款:

CVI/R2——货物资料

1 发货人应在装货前及早向船长或其代表提供关于该货物的适当资料,以便能实施为此种货物的适当堆装和安全装运可能是必需的预防措施。此类资料 ①应在货物装船前以书面形式;②和适当的运输单证予以确认。

2 货物资料应包括:

.1 对于杂货和以货物单元运输的货物,应有货物的一般说明、货物或货物单元的毛重和货物的任何有关特性。就本条而言,应提供本组织以 A. 714(17)决议通过并可能经修正的《货物堆装和系固安全操作规则》第 1.9 节所要求的货物资料。任何这种对第 1.9 节修正案的通过、生效和实施应按本公约第 VIII 条有关除第 I 章外适用的附则修正程序的规定进行。

.2 对于固体散货,IMSBC 规则第 4 节要求的资料。

.3 对于未按第 VII/1.1 条所定义的 IMDG 规则的规定分类,但具有可能造成潜在危害的化学性质的散装货物,除上述各项要求的资料外,还应有关于其化学性质的资料。

3 在货物单元装船前,发货人应确保这类货物单元的毛重与运输单证中表明的毛重是一致的。

①参见 MSC/Circ. 663 通函《货物资料表》。

②本条所指的单证并不排除作为书面文件的一种辅助手段而使用电子数据处理(EDP)和电子数据交换(EDI)的传输技术。

(七)SOLAS74 1994AMEND

生效日期:1998 年 7 月 1 日

适用范围:500 总吨以上国际航行货船

相关条款:

CIX/R5——状况的保持

安全管理体系应按照《国际安全管理规则》的规定予以保持。

案例6　装(卸)载计划制定案例

一、船舶资料

船名	PA **	呼号	3F **
国籍	巴拿马	IMO 编号	911 **
种类	散货船	总吨	92050
建造日期	2010	船级社	IBS
船长(m)	292	型深(m)	17.9
航区	无限	主机功率(kW)	19000

二、检查概况

2013年7月26日,PA ** 轮空载抵达某港装载煤炭,按照工作计划和选船标准,检查员对该轮例行港口国监督检查。在检查装载计划时,发现该轮装载计划无船方和码头代表签字确认(图6-1),描述如下:

1.06105　LOADING PLAN NOT SIGNED BY TERMINAL AND SHIP

公约依据:SOLAS74 2005AMEND/CVI/R7

行动代码:17

三、公约依据

(一)SOLAS74 2005AMEND

CVI/R7——散装货物的装卸和积载固体

3　固体散装货物在装货或卸货之前,船长和码头代表应商定一项计划,参见本组织以A.862(20)决议通过的《散货船安全装卸操作规则(BLU规则)》,该计划应确保在装卸货物期间不超过船上的许用应力和力矩,同时还应包括装卸货物的次序、数量及速率,此时应考虑到装卸货物的速度、船上添注口的数量及减压载或加压载的能力。该计划及其后的任何修改,应提交给港口国的有关当局。

LOADING PLAN 1	Date: ■	Vessel: ■				Voyage no.: 7
LOAD Port: PARADIP - INDIA	Cargo(es) IRON ORE FINES	Assumed stowage factor of cargo 0.5347CUM/MT	Ballast pumping rate 1600 t	Dock water Density 1.025	Max draught available (HW)	Max. air draught in berth
DICHARGING Port: TBN - CHINA	Last cargo: COAL	No. of gangs: 4	Load rate: 8000 mt		Min. draught available (HW)	Max. arrival draught

Tons 54100 mt

Grade iron ore fines

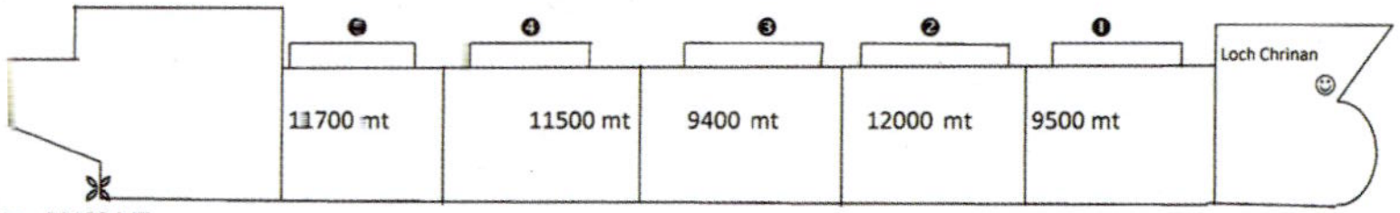

TOTAL CARGO: 54100 MT

	CARGO		GRAVITY / PUMP-OUT	TIME		Calculated value				Calculated value			Observed values		
						Draught		Maximum		Air	Draught		Draught		
Pour No.	Hold No.	Tonnes	Ballast operation	REQUIRED (hours)	Comments	Fwd	Aft	BM*	SF*	Draught	Mid	Trim	Fwd	Aft	Mid
1	2	5000	DBT No.5 out		to go 7000 mt										
	3	5000	DBT No.4 out		to go 4400 mt										
	4	5000	DBT No.3 out		to go 6500 mt										
	5	5000	AP TK out		to go 6700 mt	6.48	8.36	29.6	-29.5	t=1.53					
2	1	5000	DBT No.2 out		to go 4500 mt										
	2	5000	DBT No.1 out		to go 2000 mt										
	3	4400	FP TK out		full										
	4	5000			to go 1500 mt	9.58	10.18	-64.4	-92.8	t=0.60					
3	1	4000	all stripping		to go 500 mt										
	2	2000			full										
	4	1500			full										
	5	6000			to go 700 mt	12.26	12.29	-51.8	-67.4	t=0.03					
4	1	500			full										
	5	700			full	12.48	12.49	-54.8	-73	t=0.01					
		54100 mt													

NO DEVIATION FROM ABOVE PLAN WITHOUT PRIOR APPROVAL OF CHIEF OFFICER

Abbreviation, PI-Pump In, GI-Gravity In, PO-Pump Out, GO-Gravity Out MT-Empty, FB-Free Board, All entries within the box must be completed as far as possible. The entries outside the box are optional

Signed Terminal:

Signed:

Chief officer
Predrag Kostic

*Bending moment (BM) & shear force (SF) are to be expressed as a percentage of maximum permitted in-port values for intermediate stages & of maximum permitted at sea values for final stages. Every step in the loading/unloading plan must remain within the allowable limits for full girder shear forces, bending moments & tonnage per hold where applicable. Loading & unloading operation may have to be paused to allow ballasting/deballasting in order to keep actual values within limits.

Noted by: ____________

MASTER Davor Listes

图 6-1 船舶、码头代表均未签字确认的装载计划

4　船长和码头代表应确保装卸货物作业按照商定的计划进行。

(二)《散货船安全装卸操作规则(BLU 规则)》

4.1.1　在所有时间内船长对船舶安全装卸货负责,详细情况应与码头代表通过装卸计划的形式得到确认。

4.1.1.7　确保码头代表收到并同意装卸计划。

4.2.1.1　装货前船长和码头之间应通过在计划上指定位置签字的形式来表示同意装货计划。

四、缺陷纠正

检查时,船舶刚刚开始装货,船长解释是由于为了装货赶进度,预先给码头发了一份电子版的装载计划,纸质版尚未签字。检查员立即通知船方及码头停止装货,待船舶、码头双方正式确认装载计划并在该计划上签字后,再按照计划执行。

五、案例点评

(一)公约理解

装卸载计划应该是船方根据经认可的装载手册进行编写的,装卸货过程中的任意时刻均符合船舶结构强度和稳性的要求,并应经过装载仪的模拟验证。因此货物装卸操作和压载水的排放操作应严格按照装载计划进行。任何装卸货顺序的改变和压载水排放次序的改变都可能会对船舶的结构造成不利影响。船舶和码头双方应对商定的装载计划商定后签字确认,船方有责任对整个装卸过程进行严密监控,对岸方违反装卸计划的装卸载行为予以及时纠正。

(二)案例点评

1. 装载手册经过装载仪模拟验证或严格模拟计算,以保证装卸货过程中的任意时刻均符合船舶结构强度和稳性的要求。违反装卸计划,有可能造成船舶应力过大,造成结构损坏,并且这种损坏不容易被察觉,给船舶以后的营运带来风险。

2. 由于公约的要求很明确,船方对此缺陷并无异议,在装载计划上的双方签字确认应该在装货开始前进行,而且公约并未说明这种签字确认可以由其他方式代替。

3. 本案例缺陷涉及影响船舶的装货行为,采取的处理意见首先应征得船方的理解和配合，从处理意见上来说，开航前纠正不合适，应为99停止装货，立即纠正。

六、工作建议

（一）对海事工作的建议

1. 检查船长或大副是否制定并持有装卸货计划。

2. 承担货物操作的高级船员能对任何形式的装载状况进行核准计算，使任何装卸载形式和装卸载顺序符合装载手册要求。

3. 装卸货计划是否有船长和码头代表的签字，以确认码头代表收到并同意该计划。

4. 如适宜，安检员在检查时可检查是否进行了必需的计算以确保弯曲和剪切应力在装/卸货和航行期间处于最大限制之内。当装载高密度货物或装载/压载状况与船舶装载手册中描述的情形不同时，这特别重要。

5. 装卸货计划应以公约/规则提供的表格为准，或不同格式，但包含必要的信息。

（二）对船方管理的建议

1. 落实装载计划要求，确保货物装卸和压载水排放操作符合装载计划的要求和装卸货过程中的任意时刻均符合船舶结构强度和稳性的要求，确保码头代表收到并同意装卸计划并签署确认。

2. 完善船舶安全管理体系，加强对责任船员相关知识培训。

七、公约相关条款梳理

（一）SOLAS74 1996AMEND

生效日期：1998年7月1日

适用范围：500总吨以上国际航行货船

相关条款：

第7条　散装货物的装卸和堆装

3　固体散装货物在载货或卸货之前，船长和码头代表应同意的计划②，且应确保在装卸货物期船体上的许用应力和力矩不超过，同时还应包括装卸货物的次序、数量及速率，此时应考虑到装卸货的速度，船上添注口的数量及减压载或加压载的能力。该计划及其后的任何修改，应提交给港口国有关当局。

6　船长和码头代表应确保装卸货物作业按照商定的计划进行。

(二)SOLAS74 2005AMEND

生效日期:2009 年 1 月 1 日

适用范围:500 总吨以上国际航行货船

相关条款:

第 7 条　散装货物的装卸和堆装

1　就本条而言,码头代表系指船舶装卸货物的码头或其他设施使用方指定的人员,其负责这个码头或设施对该特定船舶进行作业。

2　为能使船长防止船体结构中产生过大应力,应给船舶配备一本手册,并应采用为负责货物作业的高级船员所熟悉的语言编写。如该种语言不是英文,则船上也应配备一本用英文写成的手册。该手册应至少包括下列内容:

.1　第 II-1/5-1 条所要求的稳性资料[经海安会 MSC. 194(80)决议修正];

.2　加压载和减压载的速率和能力;

.3　内底板上单位表面积的最大许用载荷;

.4　每舱最大许用载荷;

.5　有关船体结构强度的一般装卸须知,包括在装卸货物、压载作业及航行期间的最不利作业状态的任何限制;

.6　任何特别的限制,例如主管机关或由其认可的组织所施加的最不利作业状态的限制(如适用);和

.7　如要求强度计算,在装卸货物及航行期间船体上的最大许用载荷和力矩。

3　固体散装货物在装货或卸货之前,船长和码头代表应商定一项计划,参见本组织以 A. 862(20)决议通过的《散货船安全装卸操作规则(BLU规则)》,该计划应确保在装卸货物期间不超过船上的许用应力和力矩,同时还应包括装卸货物的次序、数量及速率,此时应考虑到装卸货物的速度、船上添注口的数量及减压载或加压载的能力。该计划及其后的任何修改,应提交给港口国的有关当局。

4　散装货物应在整个货物处所范围内装载并按需要合理平舱,以尽量减少货物移动的危险,并确保在整个航行期间保持足够的稳性。

5　在甲板间舱装载散装货物时,如果装载资料表明船底结构在舱口开启时的应力会达到不可接受的程度,则这些甲板间的舱口应关闭。应将

货物合理平舱，并应延伸到两舷，或用具有足够强度的附加纵向隔壁加以固定。应注意甲板间舱的安全承载能力，以确保甲板结构不过载。

6 船长和码头代表应确保装卸货物作业按照商定的计划进行。

7 如果在装卸货物期间，本条2所述的对船舶的任一限制已经超出或者如果装卸继续进行下去可能导致超出，则船长有权中止装卸作业并有责任将此通知给批准这个计划的港口国有关当局。船长和码头代表应确保采取纠正措施。当卸货时，船长和码头代表应确保卸货方法不损坏船体结构。

8 船长应确保船上人员连续不断地监视货物装卸作业。如有可能，在装卸货物期间应定期校核吃水以确认提供的吨位数。每次测得的吃水和吨位数应记入货物日志。如发现与商定的计划有显著的偏差，则应调整货物装卸或压载作业，以确保偏差被纠正。

（三）《散货船安全装卸操作规则（BLU 规则）》［IMO A.862(20)号决议］

生效日期：1998年7月1日

适用范围：500总吨以上国际航行货船

相关条款：

4.1.1 在所有时间内船长对船舶安全装卸货负责，详细情况应与码头代表通过装卸计划的形式得到确认。

4.1.1.7 确保码头代表收到并同意装卸计划。

4.2.1.1 装货前船长和码头之间应通过在计划上指定位置签字的形式来表示同意装货计划。

案例 7　专用海水压载舱防腐系统案例

一、船舶资料

船名	CAPE ***	呼号	D3 **
国籍	利比里亚	IMO 编号	90 **
种类	散货船	总吨	91407
建造日期	2005.6.28	船级社	BV
船长(m)	280.09	型深(m)	23.80
航区	无限	主机功率(kW)	19830

二、检查概况

2011 年 10 月,检查员对辖区某散货船进行了检查。时值 2011 年船舶结构安全和国际载重线公约集中检查会战(CIC)期间,根据东京备忘录 CIC 检查导则要求,1998 年 7 月 1 日以后建造的油船或散货船的海水压载舱防腐系统需满足经 MSC47(66)修正的 SOLAS74 第 2-1 章第 3-2 条的要求。在检查时,船舶未能提供足够的证据证明该船的海水压载舱防腐系统的"选择、应用和维护方法"是经主管机关批准的(图 7-1)。检查员对船舶开具了缺陷,描述如下:

1.01311 SHEME FOR THE SELECTION, APPLICATION AND MAINTENANCE OF THE CORROSION PREVENTION SYSTEM NOT APPROVED BY THE ADMINISTRATION.

公约依据:SOLAS74 1996AMEND/CII-1/R3-2

行动代码:17

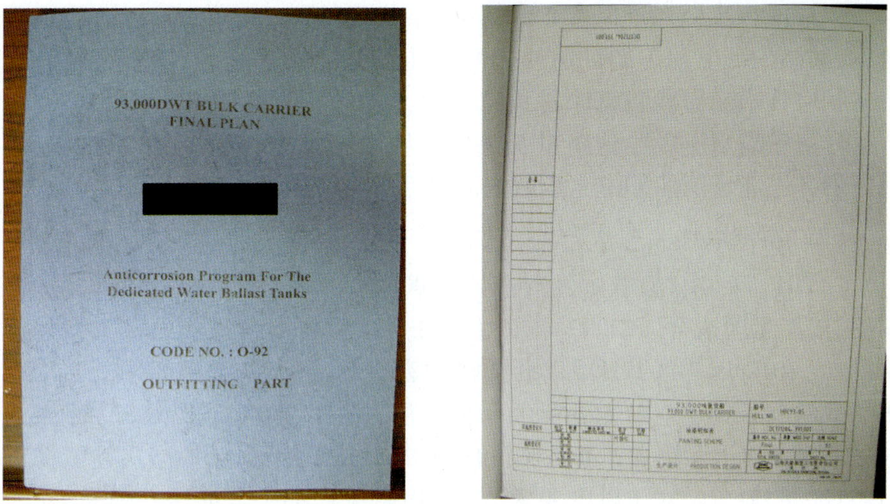

图 7-1　海水压载舱保护涂层技术档案

三、公约依据

SOLAS74 1996AMEND/CII-1/R3-2——所有专用海水压载舱应有一个有效的防腐系统,例如保护涂层或等效物。这些涂层应宜为浅色。该防腐系统的选择、应用和维护方法应根据本组织通过的指南经主管机关批准。如适合,也应采用牺牲阳极。

四、缺陷纠正

根据 CIC 检查导则,检查员要求船方在开航前纠正该缺陷,船方将情况向公司及船级社进行了报告,最终从船级社找到了涂层技术档案的副本,并传真到船上,纠正了缺陷。

五、案例分析

(一)公约理解

1. 海水压载舱防腐系统的说明书,可以被认定为符合经 MSC47(66)修正的 SOLAS74 第 2-1 章第 3-2 条所叙述的"方法"(SCHEME)。

2. 船舶海水压载舱防腐系统说明书的内容,应符合经 MSC47(66)修正的 SOLAS74 第 2-1 章第 3-2 条提及的 A. 798(19)决议通过的《专用海水压载舱防腐系统的选择、应用和维护指南》的要求。

3. 根据 SOLAS74P88 第 1 章第 10 条货船结构、机器和设备的检验要求，船舶结构证书并不能证明船舶海水压载舱防腐系统的有效性，船舶应备有相应技术文件或防腐计划。

4. 船舶海水压载舱防腐系统出厂说明书的批准，应属于法定检验，船级证书并不能证明船舶海水压载舱防腐系统的有效性。

(二)案例点评

在 2011 年 CIC 检查中发现：对于 2008 年 7 月 1 日或以后签订建造合同的；或如无建造合同，2009 年 1 月 1 日或以后安放龙骨或处于类似建造阶段；或 2012 年 7 月 1 日或以后交付的新造船舶，所有类型船舶的专用海水压载舱和散货船双舷侧处所的保护涂层，应满足经 MSC216(82)修正的 SOLAS74 第 2-1 章第 3-2 条要求，和 MSC215(82)关于“保护涂层性能标准(PSPC)”的要求。对于以上要求，船东和船级社都十分明了。但是，对于经 MSC47(66)修正的 SOLAS74 第 2-1 章第 3-2 条的要求，即 1998 年 7 月 1 日以后建造的油船或散货船的海水压载舱防腐系统的“选择、应用和维护方法”需经主管机关批准的。不少船长、船东表示不知道，或因年代久远无法提供相应的证据。在缺陷纠正时，船上如无法找到相关档案，可将问题向 RO 反馈，一般可从船级社找到原始的资料。

六、工作建议

(一)对海事工作的建议

1. 对压载舱防腐系统最早在 MSC47(66)中已作要求，即对 1998 年 7 月 1 日之后建造的船舶均可核查船舶是否满足公约要求。

2. 对于专用压载舱防腐系统涂层技术档案公约要求须经主管机关或认可组织加以验证，但验证的形式公约并未具体提及和描述，这为现场安全检查带来不小的麻烦。以下是现场检查中，不少船长提出的解释：“①船舶结构证书有效，所以证明船舶压载舱防腐系统符合要求；②船舶为某船级社入级船舶，定期按照要求进行相应的检验，所以证明船舶符合上述要求。”这些说法均不应被认可。

3. 如果船上无法找到相关档案，可将问题向 RO 反馈，船级社一般会保留相关档案。对此类缺陷采取的行动，应当尽量避免采取 30 和 17 等可能影响船期的行动代码，除非有足够证据表明专用海水压载舱防腐系统不符合要求或压载舱锈蚀严重不满足强度要求。

4. 本案例在公约梳理中，列举了“IACS 散货船共同结构规范”相关条款，仅为拓展知识面，在日常工作中，不能简单的引用为 PSC 检查的依据。因为只有按照 IACS 共同规范建造的船舶，才适用共同规范的要求。在船舶的技术文件中有明确说明船舶是按照什么标准建造的。

（二）对船方管理的建议

1. 在新建或修理船舶时，船舶应掌握公约对涂层的相关要求，确保“用于船舶专用海水压载舱和双舷侧处所的涂层体系的技术条件、船厂和船东的涂装工作记录、涂层系统选择的详细标准、工作说明书、检查、维护和修补报告均应形成文件记入《压载舱防腐计划》”，以备由主管机关审查。

2. 船舶买卖时，应检查涂层技术档案的完整性，避免因买卖造成丢失。

3. 船舶接受安全检查时，如不能提供相关档案，应及时将情况向公司、船厂及 RO 反馈，一般可从 RO 处查找对档案的认证记录。

七、公约相关条款梳理

（一）SOLAS74 1996AMEND

生效时间：1998 年 7 月 1 日

适用范围：1998 年 7 月 1 日或以后建造国际航行散货船

相关条款：

S74/CII-1/R3-2——油船和散货船海水压载舱的防腐

1　本条适用于 1998 年 7 月 1 日或以后建造的油船和散货船。

2　所有专用海水压载舱应有一个有效的防腐系统，例如硬保护涂层或等效物。这些涂层应宜为浅色。该防腐系统的选择、应用和维护方法应根据本组织通过的指南经主管机关批准。如适合，也应采用牺牲阳极。

（二）SOLAS74 2006AMEND

生效时间：2008 年 7 月 1 日

适用范围：见下文修正案条款

相关条款：

S74/CII-1/R3-2——所有类型船舶专用海水压载舱及散货船双舷侧处所的保护涂层

1　本条第 2 和第 4 款须适用于不小于 500 总吨的下列船舶：

.1　2008 年 7 月 1 日及之后签订造船合同；或

.2　如无造船合同，2009 年 1 月 1 日及之后安放龙骨或处于类似建造

阶段;或

.3 交船日期为2012年7月1日或之后的船舶。

2 船上配置的所有专用海水压载舱和150m及以上长度散货船的双舷侧处所,须在建造时按照《所有类型船舶专用海水压载舱及散货船双舷侧处所的保护涂层性能标准》涂装涂层。该标准由海上安全委员会以第MSC.215(82)号决议通过,并可由本组织修正,但这样的修正案要按照本公约第VIII条关于附则除第I章外的适用修正程序的规定通过、满足生效条件和发挥效力。

3 1998年7月1日及之后建造的油船和散货船上配置的第2款不适用的所有专用海水压载舱,须符合第MSC.47(66)号决议通过的第II-1/3-2条的要求。

4 保护涂层系统的保养须列入全船保养机制。在船舶的寿命中,保护涂层系统的效能须由主管机关或经主管机关认可的组织根据本组织制定的指南加以验证。

除IMO之外,IACS在《散货船共同结构规范》中也对海水压载舱的保护涂层提出了要求,该规范适用于船长90m及以上的2006年4月1日及以后签订建造合同的船级社入级散货船。

(三)IACS散货船共同结构规范(CSR)

生效时间:2006年4月1日

适用范围:船长90m及以上的2006年4月1日及以后签订建造合同的船级社入级散货船

相关条款:

C3/SECTION5/R1.2.1——所有专用海水压载舱和双舷侧空舱均应配备有效的防腐系统,例如按照制造厂建议采用硬保护涂层或等效等方法。

涂层应为浅色,即容易辨别锈的颜色,以便于检查。在适用时,也可以使用牺牲阳极。

C3/SECTION5/R1.2.2——对于在IMO通过经修正的SOLAS II-1/3-2的日期及以后签订建造合同的船舶,将强制执行IMO"压载舱和空舱的保护涂层性能标准",由于经修正SOLAS公约规定,舱室内部的涂层应满足IMO的性能标准要求。

为与IMO A.798(19)和IACS UI SC122相一致,建造开始之前,经与船级社协商后,涂层系统的选择,包括涂层选择、技术规格和检查计划,应在建造者、涂层系统供应者和船东之间达成一致。对于这些舱室涂层系统的技术规格应备有证明文件，且文件应经船级社核实，完全符合涂层性能标准。

（四）国内航行海船法定检验技术规则（海法规[2011]392 号）

生效时间：2011 年 9 月 1 日

适用范围：2011 年 9 月 1 日及以后建造的国内沿海航行货船

相关条款：

海 11/4 篇/2-1 章/5.1.2——所有以船体外板为界的海水压载舱，应涂以环氧树脂或其他等效的防腐蚀涂料。除海水压载舱之外的船体内部结构及船体外板的内侧，诸如双层底船的舭部污水沟、单底船实肋板以下处所，隔离空舱等，也应根据舱室的用途提供相适应的涂层保护。

案例 8　装载仪故障案例

一、船舶资料

船名	NA ＊＊	呼号	3FU ＊＊
国籍	巴拿马	IMO 编号	955 ＊＊
种类	散货船	总吨	2967
建造日期	2008.11	船级社	OMCS
船长(m)	96.5	型深(m)	15.89
航区	无限	主机功率(kW)	1765

二、检查概况

2013 年＊月,检查员对 PANAMA 籍散货船“NA ＊＊”轮进行了港口国监督检查。该轮是 2008 年 11 月安放龙骨,登轮过程中,检查员发现主甲板多处因维护保养不良出现锈蚀,这些情况反映出维护保养工作不到位,船员责任心不强,船员管理松散。在查验证书过程中,检查员发现该轮装载计算机处于关闭状态,经询问得知,装载计算机由于个别船员私自乱用,致使装载计算机无法正常启动使用。本港为卸货港,大副在上一港新上船,上船时发现装载计算机不能正常使用,便手动计算船舶稳性相关数据。如图 8-1、图 8-2 所示。相关缺陷描述如下:

1.06109 LOADING INSTRUMENT NOT IN WORKING ORDER DURING INSPECTION

公约依据:SOLAS74 2004AMEND/CXII/R11

行动代码:17

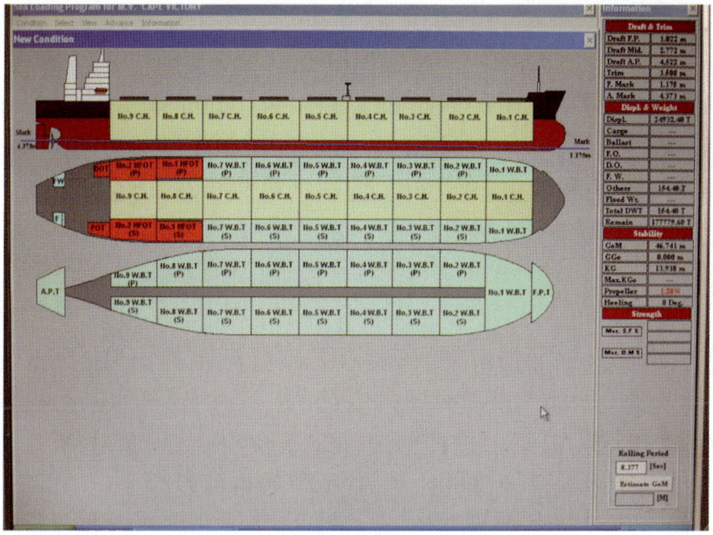

图 8-1 装载软件运行照片

S L P

BUREAU VERITAS Register : 14319R
FOR REFERENCE
See report No
Shanghai, ...

SEA LOADING PROGRAM
(VERSION BC-3.0)

OPERATION MANUAL
for
(M.V. ██████)

(Serial No. 11240-2010)

Peter Cheng Naval Architect & Marine Consultant Limited
12A Summit Industrial Building, No.9, Sun Yip Street, Chai Wan, Hong Kong
Tel: (852) - 2-5150388 Fax: (852) - 2-5959430 E-mail: pcnamc@netvigator.com

图 8-2 装载仪使用手册

三、公约依据

SOLAS74 2004AMEND/CXII/R11.3——在2006年7月1日或以后建造的船长不足150m的散货船应配备能提供船舶完整稳性资料的装载仪。计算机稳性计算的软件应经主管机关认可，该软件还应备有标准工况用于与批准的稳性资料有关的测试。

四、缺陷纠正

检查员出具检查报告后，船长要求大副立刻更换电脑，找出装载软件安装光盘，按照说明将装载软件重新安装，各项功能调试好后，向发证机关申请检验，并在相关记录中进行修改。装载仪设口令，禁止无关人员进入该系统。并建议将本台计算机加密，避免类似事件发生。

五、案例分析

（一）公约理解

SOLAS公约1997修正案要求150m及以上国际航行散货船应配备装载仪，1999年7月1日以前建造的船长150m及以上的散货船，应不迟于1999年7月1日以后的第一次中间检验或定期检验之日符合该要求。随着SOLAS公约第Ⅻ章2004年修正案的实施，2006年7月1日或以后建造国际航行散货船均需配备获得主管机关批准的装载仪。所以，在日常检查工作中，检查员需确认相关设备的可用性，并检查船员的操作能力。

（二）案例点评

通常，装载计算机只有大副使用，通常情况下不会出现问题，但在本案例中却因为其他船员错误使用，致使装载计算机出现了问题，对船舶装卸货作业造成了的安全隐患。这足以反映出该船船员管理松散，船员素质偏低，安全生产意识淡薄，对船上仪器设备的维护保养不重视等问题。案例中，检查员能够准确判断，深入检查，体现了良好的专业素养。

六、工作建议

（一）对海事工作的建议

随着航运公司对港口国监督检查越来越重视，航运公司及船长对港口国监督检查的检查内容、检查方式也非常了解。所以，检查员在平时需多加学习，克服专业局限，扩大检查范围，并注重船员对船舶设备的操作性检查。检查员可从以下几个方面加强装载仪检查：

1. 装载仪是否有认可文件，并在船上保留。

2. 装载仪是否正常工作。

3. 装载仪的功能至少包括能迅速、方便地计算和显示其所安装的船舶任一配载或空载状态下船舶指定部位的静水弯曲及静水剪力，和因货物装载不均匀而产生的静水扭矩，并显示其最大许用值。

4. 对某一载况进行计算，当计算结果超出许用值时，能以明显方式，如突出显示、特殊标示或兼有声效报警等，提醒用户。

5. 装载仪与已批准的装载手册不可相互替代。

6. 大副或相关船员应熟悉船舶装载仪的操作。

（二）对船方管理的建议

1. 公司需加强船员安全责任意识教育，爱惜船上设备，发现故障技术修理，保障个中设备处于良好的工作状态。

2. 加强船舶设备的定期维护保养，提高设备的可靠性，发现的问题和缺陷，要按体系文件的规定进行报告和处理，保证船舶设备处于良好的技术状态。

3. 切实提高船员责任心，船员懒、乱、散的工作状态会给检察官留下不好的第一印象，检察官一般会对船舶实施更加严厉的检查。

七、公约相关条款梳理

（一）SOLAS74 1997AMEND

生效日期：1999 年 7 月 1 日

适用范围：本条适用于 150m 及以上国际航行散货船

相关条款：

CXII/R11——装载仪

1　船长 150m 及以上的散货船均应配备装载仪，该装载仪应能结合本组织所通过的建议案，提供主船体梁的剪力和弯矩资料。

2　1999 年 7 月 1 日以前建造的船长 150m 及以上的散货船，应不迟于 1999 年 7 月 1 日以后的第一次中间检验或定期检验之日符合本条 1 的要求。

（二）SOLAS74 2004AMEND

生效日期：2006 年 7 月 1 日

适用范围:本条适用于所有国际航行散货船

相关条款:

CXII/R11——装载仪

1　船长为150m及以上的散货船均应配备装载仪,该装载仪应能结合本组织所通过的建议案,提供船体梁的剪力和弯矩资料。

2　1999年7月1日之前建造的船长为150m及以上的散货船,应不迟于1999年7月1日之后的第一次中间检验或定期检验之日符合本条1的要求。

3　在2006年7月1日或以后建造的船长不足150m的散货船应配备能提供船舶完整稳性资料的装载仪。计算机稳性计算的软件应经主管机关认可,该软件还应备有标准工况用于与批准的稳性资料有关的测试。

案例9　货舱进水报警系统探头故障案例

一、船舶资料

船名	ATARAX **	呼号	×××××
国籍	KOREA	IMO 编号	86 ***
种类	散货船	总吨	12844
建造日期	1981	船级社	KR
船长(m)	125	型深(m)	9.3
航区	无限	主机功率(kW)	4700

二、检查概况

2010 年 1 月 25 日，检查员对韩国籍散货船"ATARAX ** "实施港口国监督检查，在登轮时发现该轮船体外观和货物区域多处锈蚀，主甲板部分区域维护保养状况不佳。此后，对该轮进行初步检查，发现该轮航海通告没有及时更新，NO. 342 海图未做改正，根据港口国监督检查程序，于是对该轮转入详细检查。通过设备测试和询问船员等方式，此次检查共发现缺陷 28 项，其中该轮存在 3 号货舱进水报警探头失效的严重缺陷。安检人员依照相关程序对该轮实施了滞留。如图 9-1、图 9-2 所示。

其中发现涉及缺陷及描述如下：

1. 04113 DETECTOR OF WATER LEVEL DETECTION DEVICE IN NO. 3 CARGO HOLD OUT OF WORK

公约依据：SOLAS74 2002AMEND/CXII/R12

行动代码：30

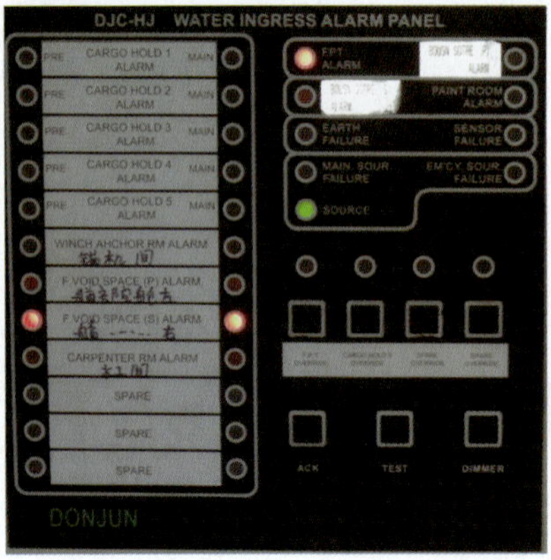

图 9-1　货舱进水报警控制面板

图 9-2　散货船货舱进水报警探头失效

三、公约依据

SOLAS74-2002AMEND/CXII/R12——货舱、压载舱和干燥处所水位探测器(本条适用于无论何时建造的散货船)

1　散货船应安装水位探测器:

.1　在每一货舱内,当水位达到高出任何货舱内底 0.5m 时应发出一个声光报警,并在水位高度达到不小于货舱深度 15% 但不超过 2m 时也应发出一个声光报警。对于第 9.2 条适用的散货船,只需安装发出后一个报警的探测器。水位探测器应安装在货舱的尾端。对于用作水压载的货舱,可以安装一个报警越控装置。视觉报警器应能将每一货舱中探测到的两种不同的水位明显区分开;

.2　对第 II-1/11 条所要求的防撞舱壁前方的任一压载舱,当舱内的液面达到不超过舱容的 10% 时应发出一个声光报警。可安装一套报警越控装置,在使用该舱时启动;和

.3　在除锚链舱以外的任何干燥处所或空舱内,延伸至艏货舱前方的任何部位,在水位高出甲板 0.1m 时应发出一个声光报警。当围闭处所内的容量不超过船舶最大排水量的 0.1% 时,不必安装此类报警器。

2　在上述 1 中规定的声光报警器应设于驾驶室。

3　2004 年 7 月 1 日以前建造的散货船,应在不迟于 2004 年 7 月 1 日后船舶进行的年度检验、中间检验或换证检验时符合本条要求,取早者。

四、缺陷纠正

1. 船长按照体系文件要求向公司报告,公司通知验船师上船确认

缺陷。

2. 故障修复后，验船师对货舱进水报警系统线路和探头进行了测试，出具了缺陷纠正报告。

3. 船长组织相关船员对体系文件进行学习，按体系文件要求熟悉货舱进水报警的系统的测试和维护，定期对其功能进行测试并做好记录。

4. 安检员应船方申请，对该轮进行了复查，经复查合格后按程序予以解除滞留。

五、案例分析

（一）公约理解

根据公约 SOLAS74-2002AMEND/CXII/R12 的规定，2004 年 7 月 1 日以前建造的散货船，应在不迟于 2004 年 7 月 1 日后船舶进行的年度检验、中间检验或换证检验时在每一货舱内安装报警的探测器，当水位达到高出任何货舱内底 0.5m 时应发出一个声光报警，并在水位高度达到不小于货舱深度 15% 但不超过 2m 时也应发出一个声光报警。声光报警器应设于驾驶室。散货船货舱进水报警系统是散货船的一项重要设备，能够提早探知散货船货舱和艏部压载舱、空舱内的进水情况，并向驾驶员发出预警，因此散货船货舱进水报警系统应该时刻保持良好的工作状态。

（二）案例点评

货舱进水报警系统是在货舱进水时通知船员，确保船员能够及时了解货舱进水情况，迅速开展应对措施的前提，在特殊情况下对船舶安全十分重要。本次船舶安全检查时发现 3 号货舱进水报警探头故障，且没有证据表明船员发现该缺陷并采取任何临时补救措施，缺陷真实存在，描述情况准确，公约依据充分，滞留程序合法，应予以滞留。

六、工作建议

（一）对海事工作的建议

1. 检查员应加强散货船特别是老旧散货船关于结构、稳性和附加安全措施等方面的检查，消除航行中的安全隐患，保证散货船航行安全。

2. 检查员应在登轮前注意船体外板、载重线标志及其维护保养状况；登上舷梯后，途中可对舱口围板、主甲板、透气孔、消火栓和有关标识张贴等情况进行观察，如发现明显缺陷应转入详细检查，并应告知船方详细检查理由。

3. 货舱水位探测器受到装卸货、产品质量和维护保养不当等原因，经常出现故障或误报警，属于易损设备，安检员通常对控制面板进行测试，检查是否有探头或误报警等故障来验证货舱进水探测及报警系统是否可用，绝大部分检查就停留至此。在个别检查案例中曾出现船舶弄虚作假现象，船员将连接探头的馈线拆除（图9-3、图9-4），改用电阻代替，这样无论在控制面板上怎样测试，实际探头是否存在问题，都会显示系统正常工作。安检员在日常工作中应予以注意。

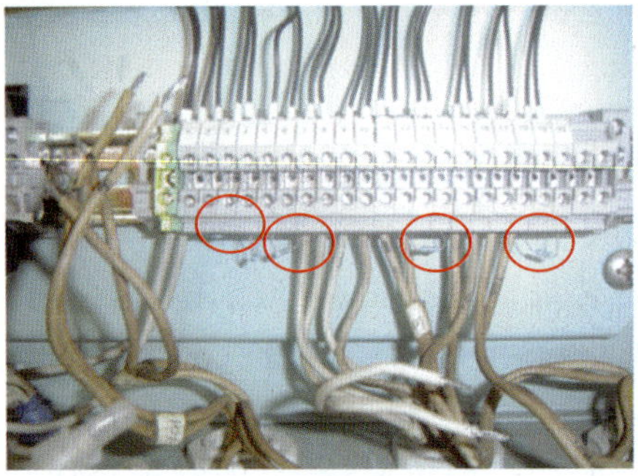

图9-3　探头接线被拆除（1）

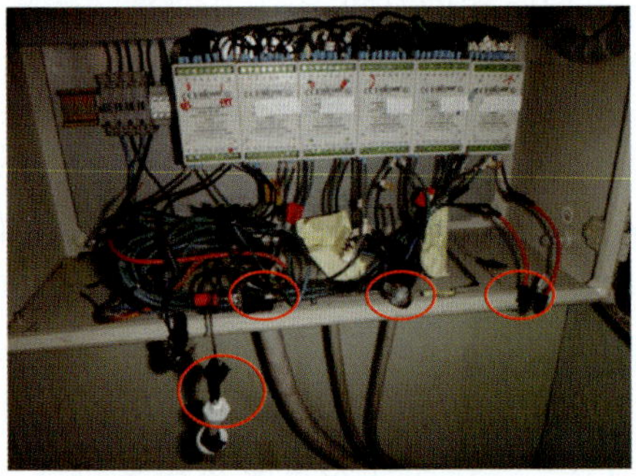

图9-4　探头接线被拆除（2）

（二）对船方管理的建议

1. 船舶管理公司应对散货船结构、稳性和附加安全措施等方面高度重视，船舶安全管理体系应明确规定关于此方面的安全措施、指定人员和相关职责。

2. 船长应组织责任船员对关键设备和安全措施进行学习，熟悉设备的原理、测试方法并按照体系规定的间隔对设备进行测试并做好相关记录。

3. 兼做压载舱的货舱在舱内没有压载水的情况下，注意不要使货舱进水报警系统长时间处于越控位置，防止处于越控位置时货舱发生进水时系统不能发出报警。

4. 为防止散货船货舱进水报警系统的探头在装卸货过程中污损，造成系统灵敏度降低或者产生误报警，公司应要求船舶在每次装卸货物完成后对于货舱进水报警系统探头进行检查。

5. 为防止散货船货舱进水报警系统的探头在装卸货过程可能受到损坏，可在不影响探头使用效果的前提下对探头进行一定的保护。

七、公约相关条款梳理

(一)SOLAS74 2002AMEND

生效时间:2004 年 7 月 1 日

适用范围:无论何时建造的散货船

相关条款:

CXII/R12——货舱、压载舱和干燥处所水位探测器

1　散货船应安装水位探测器:

.1　在每一货舱内,当水位达到高出任何货舱内底 0.5m 时应发出一个声光报警,并在水位高度达到不小于货舱深度 15% 但不超过 2m 时也应发出一个声光报警。对于第 9.2 条适用的散货船,只需安装发出后一个报警的探测器。水位探测器应安装在货舱的尾端。对于用作水压载的货舱,可以安装一个报警越控装置。视觉报警器应能将每一货舱中探测到的两种不同的水位明显区分开;

.2　对第 II-1/11 条所要求的防撞舱壁前方的任一压载舱,当舱内的液面达到不超过舱容的 10% 时应发出一个声光报警。可安装一套报警越控装置,在使用该舱时启动;和

.3　在除锚链舱以外的任何干燥处所或空舱内,延伸至首货舱前方的任何部位,在水位高出甲板 0.1m 时应发出一个声光报警。当围闭处所内的容量不超过船舶最大排水量的 0.1% 时,不必安装此类报警器。

2　在上述 1 中规定的声光报警器应设于驾驶室。

3　2004 年 7 月 1 日以前建造的散货船,应在不迟于 2004 年 7 月 1 日后船舶进行的年度检验、中间检验或换证检验时符合本条要求,取早者。

(二)SOLAS74 2004AMEND

生效时间:2006 年 7 月 1 日

适用范围:无论何时建造的散货船

相关条款:CXII/R12——同 S74 2002AMEND/ CXII/R12

(三)SOLAS74 2006AMEND

生效时间:2008 年 7 月 1 日

适用范围:无论何时建造的散货船

相关条款:CXII/R12——货舱、压载舱和干燥处所进水警报

在第 1.2 款中,所提“第 II-1/11 条”改为“第 II-1/12 条”。

案例 10　货舱进水事故船舶检查案例

一、船舶资料

船名	VOR **	呼号	H8 **
国籍	巴拿马	IMO 编号	74 ***
种类	散货船	总吨	22069
建造日期	1981	船级社	RMRS
船长(m)	178.5	型深(m)	15.3
航区	无限	主机功率(kW)	7940

二、检查概况

2010 年 10 月 16 日,检查员对 VOR ** 轮实施了港口国监督检查。检查员上船后发现该轮的三个货舱严重进水,导致船舶严重艏倾。询问船长事故发生的过程和原因,船长叙述事故发生的过程为:值班驾驶员发现船舶艏倾越来越严重,于是询问机舱是否进行驳运作业,在得到否定的答复后,船长立刻组织人员进行全船检查,发现 2 号、3 号、4 号货舱严重进水。由于船舶航行中曾经发生轻微触底,船长认为事故原因是船体破损漏水所致。于是,找来潜水员对船体进行检查。检查发现虽然船体有一些小的凹陷,但并无破损。在对船舶进一步检查中,检查员通过查看船舶图纸资料,发现这三个货舱都可以作为压载舱使用,控制这三个货舱的压载管路上有一个进口总阀,每个货舱还各有一个进口阀。检查员随后询问船上人员每个货舱的进口阀和压载泵的海水进口总阀是否关闭。船上人员说由于上下货舱比较麻烦,所以这三个货舱进口阀是常开的,而压载泵的海水进口总阀也是常开的。因此,检查员判断事故原因可能是这三个货舱的进口压载总阀损坏，由于水头压力从压载管路反水所致。通过潜水员下舱检查，证实了这一推断。由于船员对货舱压载进口阀维修保养不到位和不规范操作，导致三个货舱进水；又由于对货舱进水报警系统的维修保养不到位，三个货舱的水位探测报警装置全部失效，导致进水没有被及时发现，最终酿成了此次事故。如图 10-1 ~ 图 10-4 所示。检查员根据上述情况对该轮实施了滞留措施。其中发现涉及缺陷及描述如下。

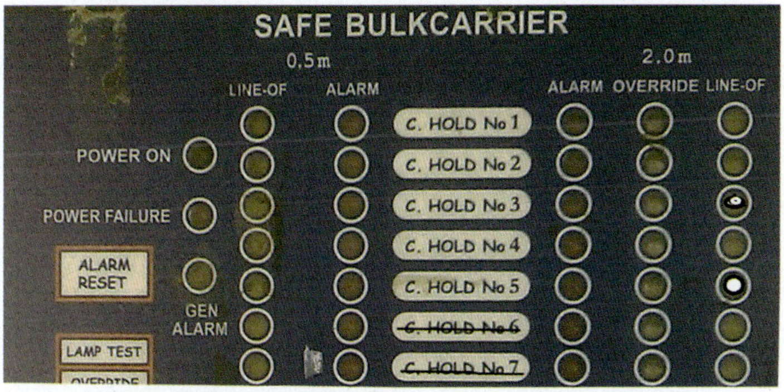

图 10-1 货舱进水报警控制面板

图 10-2 2 号货舱严重进水

图 10-3　3 号货舱严重进水

图 10-4　4 号货舱严重进水

1.04113 DETECTOR OF WATER LEVEL DETECTION DEVICE IN NO. 2、NO. 3、NO. 4 CARGO HOLD OUT OF WORK

公约依据：SOLAS74 2002AMEND/CXII/R12

行动代码：30

三、公约依据

SOLAS74 2002AMEND/CXII/R12——货舱、压载舱和干燥处所水位探测器(本条适用于无论何时建造的散货船)

1　散货船应安装水位探测器：

.1　在每一货舱内，当水位达到高出任何货舱内底 0.5m 时应发出一个声光报警,并在水位高度达到不小于货舱深度15%但不超过2m时也应发出一个声光报警。对于第9.2条适用的散货船,只需安装发出后一个报警的探测器。水位探测器应安装在货舱的尾端。对于用作水压载的货舱,可以安装一个报警越控装置。视觉报警器应能将每一货舱中探测到的两种不同的水位明显区分开。

.2　对第II-1/11条所要求的防撞舱壁前方的任一压载舱,当舱内的液面达到不超过舱容的10%时应发出一个声光报警。可安装一套报警越控装置,在使用该舱时启动;和.3 在除锚链舱以外的任何干燥处所或空舱内,延伸至艏货舱前方的任何部位,在水位高出甲板0.1m时应发出一个声光报警。当围闭处所内的容量不超过船舶最大排水量的0.1%时,不必安装此类报警器。

2　在上述1中规定的声光报警器应设于驾驶室。

3　2004年7月1日以前建造的散货船,应在不迟于2004年7月1日后船舶进行的年度检验、中间检验或换证检验时符合本条要求,取早者。

四、缺陷纠正

1. 事故原因初步确定后,船长立即组织船上人员关闭相关压载管路,并进行排水。

2. 船舶按照程序报告公司,公司联系验船师对缺陷情况进行确认并修理了货舱压载泵进口总阀及货舱进水报警装置。

3. 船长组织相关船员货舱报警系统的使用和维护进行了学习。

4. 安检员应船方申请,对该轮进行了复查,经复查合格后按程序予以解除滞留。

五、案例分析

(一)公约理解

根据公约SOLAS74 2002AMEND/CXII/R12的规定,2004年7月1日以前建造的散货船,应在不迟于2004年7月1日后船舶进行的年度检验、中间检验或换证检验时在每一货舱内安装报警的探测器,当水位达到高出任何货舱内底0.5m时应发出一个声光报警,并在水位高度达到不小于货舱深度15%但不超过2m时也应发出一个声光报警。声光报警器应设于驾驶室。当货舱或前部压载舱、空舱进水时向船舶驾驶员发出预警。

（二）案例点评

此次事故原本可以避免，事故根源是一次轻微触底导致货舱压载管路进口总阀损坏。如果船员不怕麻烦严格按照操作规程操作，在三个货舱不用做压载舱时，将压载管路上进口阀关闭就能避免此次事故。如果货舱进水报警装置处于良好的工作状态，三个货舱的水位探测报警装置没有失效，船舶在发生货舱进水时及时发现，立即采取相应措施，不至于等到船舶艏倾严重才被发现。由此可见，如果保持船上设备良好的工作状态和船员按照规程进行操作就能避免此次事故。

本次案例安检员在遇到船舶发生事故时，首先利用自身的专业知识，帮助船舶找到了事故原因，消除了船舶的危险性，体现了良好的职业道德和高超的专业水平。为今后处理类似事故积累了经验。此次事故的经验和教训应当引起安检员和船员的高度重视。

六、工作建议

（一）对海事工作的建议

1. 对于发生海上交通事故的船舶，该案例中的一些做法是值得各海事部门借鉴的：

（1）根据安检规则第九条相关规定，发生水上交通事故的船舶安全检查时间间隔不受六个月限制，如果事故影响了船舶的适航性能，海事机构应安排对相应船舶实施安全检查。

（2）在检查时应要求船方申请临时检验，与验船师共同研究缺陷的严重程度及修理方案，并要求验船师对修复情况出具检验报告。

（3）检查员应运用专业知识对船舶存在的缺陷作出判断，并结合实际情况，给出“开航前纠正、滞留”等处理意见。一般如船方对影响适航性能的损坏部位还不知情，则应实施禁止离港；如船方已经在安全检查之前发现了事故造成损坏的部位，并安排了修理，也可以结合验船师的意见开具缺陷处理意见。

2. 检查散货船时应检查船舶是否按要求配备相应的探测设备，如探测器安装的位置、驾驶台控制面板是否能分开显示等。

3. 检查散货船进水报警探测器是否正常工作，首先可以对驾驶台控制面板进行自检，确认声光报警正常。之后，如条件允许，可以让船员下到货舱，人为刺激探测器，进行试验。其原理与船上其他液位报警装置相同。

（二）对船方管理的建议

1. 严格要求船员按照操作规程进行操作，切不可凭经验而麻痹大意。

2. 货舱进水报警系统是防止货舱过度进水十分重要的一道壁垒，如果其失效就有可能给船舶带来不可估算的损失。公司应重视对于货舱报警系统的检查力度，确保关键设备能保持随时可用状态。

3. 船舶应加强对相关责任船员的培训，确保船员能熟练操作和测试货舱进水报警系统，船员应将日常测试及维护保养做好记录。

4. 船舶应为货舱进水报警系统准备充足的备件，确保在发现系统故障时能及时地修复。

七、公约及规范梳理

同案例9。

案例 11　艏尖舱排水系统控制阀故障案例

一、船舶资料

船名	GREAT BRIG **	呼号	VRVN2
国籍	中国香港	IMO 编号	9138991
种类	散货船	总吨	39005
建造日期	1997.5	船级社	CCS
船长(m)	183	型深(m)	17.3
航区	无限	主机功率(kW)	8300

二、检查概况

2011 年 11 月 14 日，检查员对香港籍"GREAT BRIG ** "轮进行了检查，发现多项缺陷，检查员在驾驶台检查时，发现船舶艏尖舱的压载管系的控制阀的遥控控制面板，当拨到"RMOTE CONTROL"位置，一直显示故障报警。如图 11-1 ~ 图 11-3 所示。经具体实验后，发现不能进行遥控操作，不符合公约要求。其中发现涉及缺陷及描述如下：

1. 04113　F. P TANK PUMPING BALLAST PIPE VALVE REMOTE CONTROL SYSTEM MALFUNCTION

公约依据：SOLAS74 2006AMEND/CXII/R13.1

行动代码：17

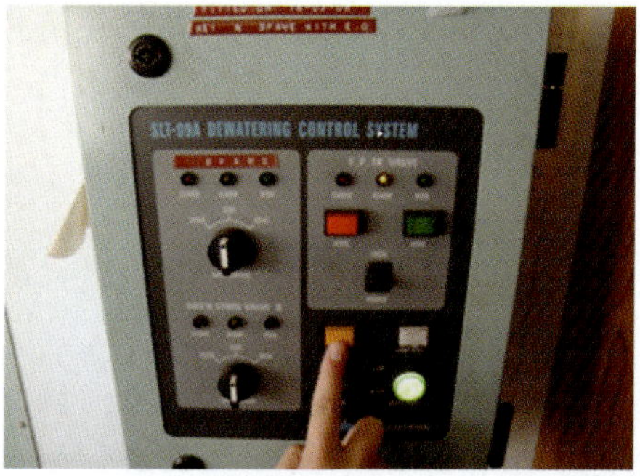

图 11-1　设置在驾驶台的遥控控制面板报警

图 11-2　设置在船艏甲板上手动控制阀

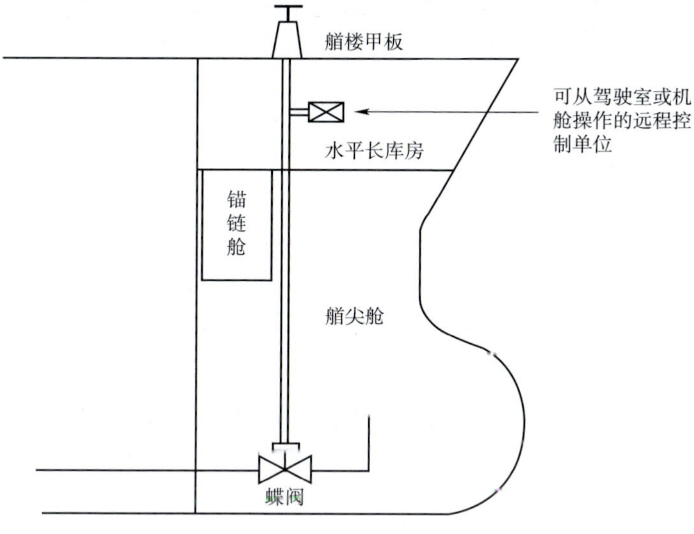

图 11-3　艏尖舱排水泵系统示意图

三、公约依据

SOALS74 2006AMEND/CXII/R13——泵系的有效性

1　散货船上，用于排放和泵吸位于防撞舱壁前方的压载舱的压载水，和任何部位延伸至艏货舱前的干燥处所的舱底水的设备，应能从一个可进入的围闭处所内将其运行，该围闭处所应能从驾驶室或主机控制站进入而无需穿过露天干舷甲板或上层建筑甲板。如果用于这些舱或舱底水的管路穿过防撞舱壁，作为第 II-1/12 条规定的阀的控制的替代措施，只要此类阀门控制器的位置符合本条的规定，也可接受通过遥控启动阀门操作的装置。

2　2004 年 7 月 1 日前建造的散货船，应在不迟于 2004 年 7 月 1 日后船舶进行第一次中间检验或换证检验时，但无论如何不得迟于2007年7月1日符合本条要求。

四、缺陷纠正

1.检查员开出“17”缺陷，并且要求船方在纠正缺陷后，申请船级社验船师登轮，进行检验并出具检验报告。

2.船长按照体系文件要求向公司报告，公司通知验船师上船确认缺陷。对故障进行修复后，验船师对货舱进水报警系统线路和探头进行测试并出具了缺陷纠正报告。

3.船长组织相关船员对船舶艏尖舱的压载管系控制系统进行了学习，同时要求相关船员定期对其功能进行测试并做好记录。

4.2011年11月15日，安检员应船方申请，对该轮进行了复查。

五、案例分析

(一)公约理解

SOALS74公约2006修正案第12章第13条对“用于排放和泵吸位于防撞舱壁前方的压载舱的压载水和任何部位延伸至艏货舱前的干燥处所舱底水的设备”的操作位置进行了明确要求，即一个能从驾驶室或主机控制站进入而无需穿过露天干舷甲板或上层建筑甲板的围蔽处所；这里需要注意如何理解“用于排放和泵吸位于防撞舱壁前方的压载舱的压载水和任何部位延伸至艏货舱前的干燥处所舱底水的设备”，公约这样规定，是基于大风浪天气情况下，船员无法通过露天甲板到达船艏，需要通过遥控控制在紧急情况下对船舶艏尖舱排出进水，故这里的设备应该包括泵浦、阀门以及相关管系，因为上述任一设备的失效都无法保证整个泵系的有效运行，如仅能从前述操作位置启动泵浦而无法遥控开启阀门，不能满足“应能从一个可进入的围蔽处所内控制其运行”的要求，因此需要设置通过遥控启动阀门操作的装置，同时，本条还规定只要此类阀门控制器的位置符合本条的规定，此种通过遥控启动阀门操作的装置可以作为第II-1/12条规定的对阀的控制措施的替代。

(二)案例点评

SOLAS74公约2006修正案第12章第13条具有追溯性，适用于所有时间建造的散货船。该轮虽为1997年建造船舶，检查日期为2011年，该条款已适用该轮。该轮的艏尖舱位于防撞舱壁前，且压载管系穿过防撞舱壁。在布置上该船未设有能从驾驶台或集控室内直接通至该阀手动控制位置一个围闭处所，但在驾驶台内设置遥控控制面板作为替代，但其遥控操作装置失效，虽然该轮在船艏甲板设置有手动操控阀，但是不能满足公约要求的"应能从一个可进入的围蔽处所内控制其运行"的要求，因此对于此缺陷的认定和处理是合理的。

六、工作建议

（一）对海事工作的建议

1. 由于该系统属于关键应急设备但是极少使用，所以船员往往忽略艏尖舱排水系统的日常维护保养，因此建议检查员在检查船龄较大的散货船应加强该系统的实操和效用检查。

2. 公约要求散货船艏尖舱的压载系统和船艏舱室排水系统应在能从驾驶室或主机控制站进入而无需穿过露天干舷甲板或上层建筑甲板的围蔽处所内遥控操作，检查员在检查时应特别注意遥控装置的所在位置是否满足要求并注意检查遥控装置的工作状况。

3. 检查时，检查员应主要检查系统泵、阀件及管系处于良好工作状态，必要时可模拟船艏舱室进水进行操作性检查。

4. 在检查中，检查员应确认主管高级船员（一般是大副）是否熟悉处所内进水排放的操作以及对排放中可能出现的问题是否有预案。这方面如存在缺陷也必须在开航前予以纠正。

5. 鉴于类似的缺陷，大多与认可组织有关，因此建议检查员加强专业理论知识学习，熟练掌握排水系统的工作原理和公约要求。

（二）对船方管理的建议

1. 船舶管理公司应对艏尖舱的压载系统有效性高度重视，船舶安全管理体系应明确规定关于此方面的安全措施、指定人员和相关职责。

2. 船长应组织责任船员对艏尖舱的压载系统的操作和测试进行学习，熟悉设备的原理、测试方法并按照体系规定的间隔对设备进行测试并做好相关记录。

3. 公司应加大对船员对艏尖舱的压载系统操作及测试的检查力度，确保船员按照体系文件要求对系统进行了有效的测试和维护。

4. 对于经验船师检验合格的重要设备及系统，公司还应组织人员对系统满足公约的有效性进行检查，避免由于验船师的疏忽而导致船舶的滞留。

七、公约及规范梳理

（一）SOLAS74 2002AMEND

生效时间：2004 年 7 月 1 日

适用范围：无论何时建造的散货船

相关条款：

CXII/R13——泵系的有效性

1　散货船上，用于排放和泵吸位于防撞舱壁前方的压载舱的压载水，和任何部位延伸至首货舱前的干燥处所的舱底水的设备，应能从一个可进入的围闭处所内将其运行，该围闭处所应能从驾驶室或主机控制站进入而无需穿过露天干舷甲板或上层建筑甲板。如果用于这些舱或舱底水的管路穿过防撞舱壁，作为第 II-1/11.4 条规定的阀的控制的替代措施，只要此类阀门控制器的位置符合本条的规定，也可接受通过遥控启动阀门操作的装置。

2　2004 年 7 月 1 日前建造的散货船，应在不迟于 2004 年 7 月 1 日后船舶进行第一次中间检验或换证检验时，但无论如何不得迟于 2007 年 7 月 1 日符合本条要求。

CII-1/R11.4 -防撞舱壁在上述 2 或 3 所指限度内，可以具有阶层或凹折。穿过防撞舱壁的管子应装有能在干舷甲板以上操作的适当阀件，其阀体应安装在艏尖舱内的舱壁上。阀也可安装在防撞舱壁的后侧，但在一切营运情况下应易于接近，其阀的所在处所不是装货处所。所有阀应为钢质、青铜或其他认可的延性材质。普通铸铁或类似材质的阀不能采用。舱壁上不允许开门、人孔、通风管道或任何其他开口。

（二）SOLAS74 2004 AMEND

生效时间：2006 年 7 月 1 日

适用范围：无论何时建造的散货船

相关条款：此次修正对第Ⅻ章进行了重新编写，但是第 13 条内容未发生改变。

（三）SOLAS74 2006 AMEND

生效时间：2008 年 7 月 1 日

适用范围:无论何时建造的散货船

相关条款:

CXII/R13——泵系的有效性

在第 1 款中,所提“第 II-1/11.4 条”改为“第 II-1/12 条”。

CII-1/R12.5.1——除本条 5.2 规定者外,在舱壁甲板以下的防撞舱壁上可穿过 1 根管子,用以处理艏尖舱内的液体,但该管子须设有能在舱壁甲板以上操作的螺旋阀,其阀体固定在艏尖舱内的防撞舱壁上。主管机关可允许该阀设于防撞舱壁的后面,但其须位于在所有营运工况下均可易于到达之处,并且其所位于的处所不是货物处所。所有阀应为钢质、青铜或其他经认可的延性材料。普通铸铁或类似材料的阀不能采用。

案例12　艏尖舱泵系有效性检查案例

一、船舶资料

船名	FU AN H **	呼号	3E ***
国籍	巴拿马	IMO编号	95 *** 014
种类	散货船	总吨	18873
建造日期	2010.4	船级社	BV
船长(m)	167	型深(m)	11.2
航区	无限	主机功率(kW)	5800

二、检查概况

2013年3月6日，检查员对散货船"FU AN H **"轮实施PSC检查，在对船艏相关处所排水泵系的检查中发现：该轮船艏水手长库房内的积水和锚链舱内的积水最后都是经由同一管路通过一个喷射泵排出舷外的。仅有的一个电磁阀是用来控制船艏库房积水排出管路的通和断。它的开关是从驾驶台遥控的（满足公约的要求），其余4个阀都是手动阀。具体设置如图12-1所示。

检查员在检查中发现，4个手动阀都是处在开启的位置，而且被要求保持常开。当该处所一旦在大风浪中进水而需要排水时，由于锚链舱舱内水排出管路上的两个手动阀门处于开启的状态，而锚链舱内的积水要么很少，本来就低于吸口；要么就是被先行排到吸口位置以下，从而造成喷射泵吸口处的真空度降低，直至没有吸力，进而导致船艏库房内的进水无法及时排出。如果船艏库房大量进水的话，将对船舶安全造成严重威胁。

其中发现涉及缺陷及描述如下：

1. 04113 THE DEWATERING ARRANGEMENTS CAN NOT DRAINED ALL ACCUMALTED WATER IN FORCASTLE PUMP RM AND BUSUN STORE

公约依据：SOLAS74 2006AMEND/CXII/R13

行动代码：30

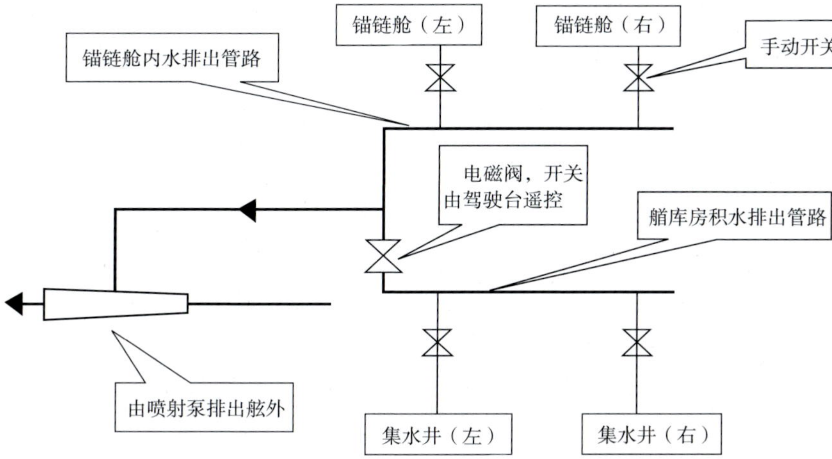

图 12-1 船艏水手长库房（锚机间）和锚链舱舱底水排放泵系布置示意图

三、公约依据

SOALS74 2006 AMEND/CXII/R13——泵系的有效性

1 散货船上，用于排放和泵吸位于防撞舱壁前方的压载舱的压载水，和任何部位延伸至艏货舱前的干燥处所的舱底水的设备，应能从一个可进入的围闭处所内将其运行，该围闭处所应能从驾驶室或主机控制站进入而无需穿过露天干舷甲板或上层建筑甲板。如果用于这些舱或舱底水的管路穿过防撞舱壁，作为第 II-1/12 条规定的阀的控制的替代措施，只要此类阀门控制器的位置符合本条的规定，也可接受通过遥控启动阀门操作的装置。

2 2004 年 7 月 1 日前建造的散货船，应在不迟于 2004 年 7 月 1 日后船舶进行第一次中间检验或换证检验时，但无论如何不得迟于 2007 年 7 月 1 日符合本条要求。

四、缺陷纠正

考虑到大风浪中，锚链舱也存在进水的可能性，特别是在如本船的一些较大型散货船上，锚链舱的容量也是不小的，其中过量的积水也需要及时排出。因此，不能将控制其吸口的手动阀全都关闭。在这种情形下，检查员建议在锚链舱舱内水排出管路上加装一个可以在驾驶室遥控开关的电磁阀，如图 12-2 所示。

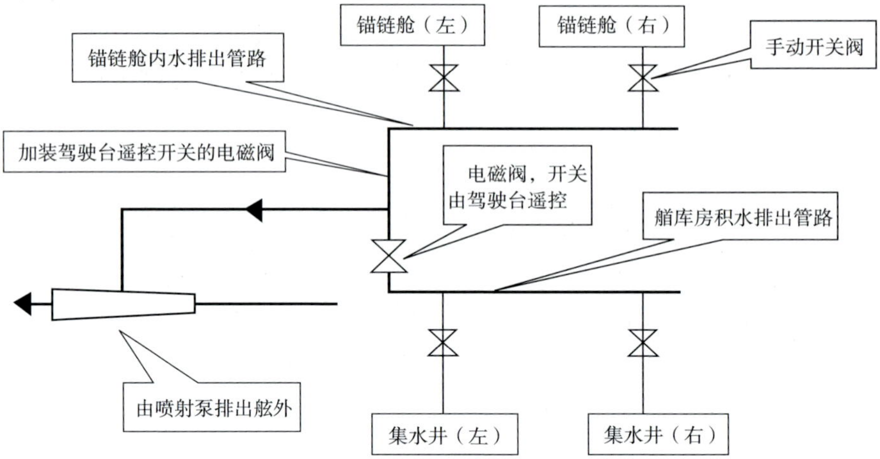

图 12-2　缺陷纠正示意图

以便在必要时关闭此阀，断开锚链舱舱内水排出管路，消除由于锚链舱内的进水被先行排至吸口位置以下而造成的喷射泵吸口吸力降低进而导致船艏水手长库房内的积水无法排出的问题。

船舶根据检查员的建议在锚链舱舱内水排出管路上加装一个可以在驾驶室遥控开关的电磁阀，并组织相关船员对艏尖舱排水系统进行了熟悉，同时按体系文件要求船员定期定期对其功能进行测试并做好记录。

五、案例分析

（一）公约理解

SOALS74 公约 2006 修正案第 12 章第 13 条适用于无论何时建造的散货船，只是对用于排放和泵吸防撞舱壁前方的压载舱（一般就是指艏尖舱）和任何部位延伸至艏货舱前的干燥处所（一般就是指水手长库房或是艏锚机间）的压载水或舱内水的设备的启动位置进行了规定，即该设备应能从一个可进入的围闭处所内将其运行，该围闭处所应能从驾驶室或主机控制站进入而无需穿过露天干舷甲板或上层建筑甲板；并提到当用于这些舱或舱底水的管路穿过防撞舱壁且阀门控制器的位置符合本条规定时，可接受通过遥控启动阀门操作的装置作为第 II-1/12 条规定的阀的控制的替代措施。对于“用于排放和泵吸位于防撞舱壁前方的压载舱的压载水和任何部位延伸至艏货舱前的干燥处所舱底水的设备”，应该包括泵浦、阀门以及相关管系，因为上述任一设备的失效都无法保证整个泵系的有效运行。笔者认为公约这样规定的初衷是为了防止船舶在大风浪中船员不能到达船艏操作阀门，导致船舶发生危险。

（二）案例点评

本案例中，虽然船艏库房泵系的布置从表面看满足SOALS74公约2006修正案第12章第13条的要求，但实际应用中其泵系布置是否有效，是否能够在紧急情况下及时快速地将积水排出是有待商榷的，在此案例中，当船舶在大风浪中进水而需要排水时，由于锚链舱舱底水排出管路上的两个手动阀门处于开启的状态，而锚链舱内的积水要么很少，本就低于吸口，要么就是被先行排到吸口位置以下，从而造成喷射泵吸口处的真空度降低，直至没有吸力，导致排水泵系的失效，致使船艏库房内的进水无法及时排出，最终导致船体纵向强度的严重不足，极有可能造成船体的断裂甚至沉没的严重后果。因此本案例船舶缺陷认定正确、滞留程序合法，显示了检查员及深的专业功底和对公约较好理解及应用能力。

但是，本案例的缺陷纠正措施是否得当值得商榷。按照上述缺陷纠正方式，如果不是两个集水井同时进水，仍可能会出现因某一集水井被先行排到吸口位置以下，致使喷射泵吸口处的真空度降低，进而导致另一集水井的水无法及时排除的情况。因此，在锚链舱舱内水排出管路上加装可在驾驶室遥控开关的电磁阀的同时，在位于左右集水井的支管上各设置一个电磁阀更为合理（图12-3）。

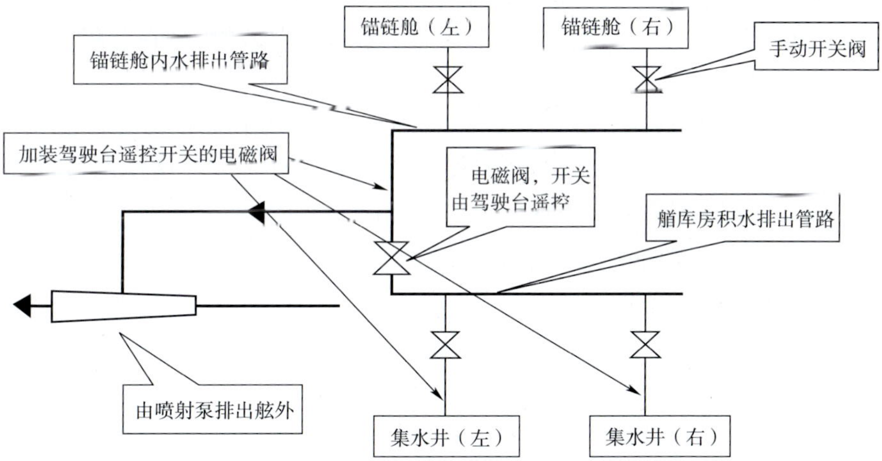

图12-3　缺陷纠正示意图

六、工作建议

（一）对海事工作的建议

1. 在实际的检查过程中，不仅要能够深刻掌握相关的公约及规则条款，更要能够透彻理解公约，按照公约要求进行检查使船舶最终达到安全航行的目的，在本案中，“FU AN H＊＊”轮在船艏水手长库房和艏锚机间表面上配备了符合公约要求的排水泵系，可是，通过对其管系设计的分析，发现了其缺陷，找出了影响船舶安全航行的重大安全隐患。所以，在实际检查工作过程中要不断积累实践经验，切不可死记硬背公约条款，在检查中生搬硬套。

2. 值得注意的是，锚链舱本身可不设排水装置，有些船舶即使设计了也可以考虑日常保持阀门常闭，用时打开，因本案例要求锚链舱排水管系阀门保持常开属特例，故在日常工作中不能生搬硬套此案例，认定缺陷时要根据船舶实际情况予以判定。

3. 鉴于类似的缺陷，大多与认可组织有关，因此建议检查员加强专业理论知识学习，熟练掌握排水系统的工作原理和公约要求，当发现类似缺陷后以及纠正时要与验船师充分交流沟通。

4. 散货船泵系的常见缺陷有：安装有水位探测器的围蔽处所没有安装排水或泵吸设备；遥控阀经常关闭不严或不动作；仅安装一个泄水装置（不能满足排水的有效性）；货舱的污水井的排水系统失效等，检查过程中应着重予以检查。

5. 散货船的艏尖舱或者货舱等相关处所泵系的有效性对散货船的航行安全非常重要，在港口国检查中，检查员一定要对其进行操作性检查，确保其工作的可靠和立即可用性。

（二）对船方管理的建议

1. 艏尖舱泵系有效性直接影响船舶在航行中遇到艏尖舱进水时能否及时将进水排出，对于船舶的航行安全十分重要。各航行公司应十分重视对艏尖舱泵系有效性的检验。

2. 船舶应加强对相关船员操作艏尖舱泵系系统的培训，确保在关键时刻船员能熟练操作泵系系统。同时应强化对泵系系统的维护保养，并将维护保养情况做好相应记录。

3. 公司应做好船员对关键设备维护保养的督导工作，确保船员对关键设备的维护保养按照公司体系文件的要求进行。

4. 对于经验船师检验合格的重要设备及系统，公司还应组织人员对系统满足公约的有效性进行检查，避免由于验船师的疏忽而导致船舶的滞留。

七、公约及规范梳理

同案例11。

案例13　艏尖舱排水系统探头故障案例

一、船舶资料

船名	GOLDEN W＊＊	呼号	×××××
国籍	巴拿马	IMO 编号	94＊＊＊59
种类	散货船	总吨	14335
建造日期	1980.2	船级社	NK
船长(m)	137	型深(m)	10.2
航区	无限	主机功率(kW)	5400

二、检查概况

2009年4月18日，检查员对巴拿马籍散货船"GOLDEN W＊＊"实施港口国监督检查，检查过程中，发现该轮艏尖舱内满载压载水，但驾驶室货舱进水报警面板无指示，经进一步检查发现该轮艏尖舱舱底水进水报警探头故障，检查员依照相关程序对该轮实施了滞留，缺陷描述如下：

1. 04113 DETECTOR OF WATER LEVEL DETECTION DEVICE IN FORE PEAK TANK OUT OF WORK

公约依据：SOLAS74 2002AMEND/CXII/R12

行动代码：30

三、公约依据

SOLAS74 2002AMEND/CXII/R12——货舱、压载舱和干燥处所水位探测器

1　散货船应安装水位探测器：

.1　在每一货舱内，当水位达到高出任何货舱内底0.5m时应发出一

个声光报警,并在水位高度达到不小于货舱深度15%但不超过2m时也应发出一个声光报警。对于第9.2条适用的散货船,只需安装发出后一个报警的探测器。水位探测器应安装在货舱的尾端。对于用作水压载的货舱,可以安装一个报警越控装置。视觉报警器应能将每一货舱中探测到的两种不同的水位明显区分开;

.2　对第II-1/11条所要求的防撞舱壁前方的任一压载舱,当舱内的液面达到不超过舱容的10%时应发出一个声光报警。可安装一套报警越控装置,在使用该舱时启动;和

.3　在除锚链舱以外的任何干燥处所或空舱内,延伸至首货舱前方的任何部位,在水位高出甲板0.1m时应发出一个声光报警。当围闭处所内的容量不超过船舶最大排水量的0.1%时,不必安装此类报警器。

2　在上述1中规定的声光报警器应设于驾驶室。

3　2004年7月1日以前建造的散货船,应在不迟于2004年7月1日后船舶进行的年度检验、中间检验或换证检验时符合本条要求,取早者。

四、缺陷纠正

1. 船长按照体系文件要求向公司报告,公司通知验船师上船确认所有严重缺陷。

2. 验船师对艏尖舱进水报警系统线路和探头进行测试并对故障进行修复,出具了缺陷纠正报告。

3. 船舶对所有滞留性缺陷进行修复,经船级社验船师检验合格后出具了缺陷纠正报告。

4. 船长组织相关船员对安全管理体系文件进行学习,按体系文件要求熟悉进水报警系统的测试和维护以及船上关键设备的维护保养,定期对关键设备进行测试并做好相关记录。

2009年4月20日,检查员应船方申请,对该轮进行了复查,经复查合格后解除滞留。

五、案例分析

(一)公约理解

根据SOLAS74公约2002修正案第12章第12条的规定,2004年7月1日以前建造的散货船,应在不迟于2004年7月1日后船舶进行的年度检验、中间检验或换证检验时在艏尖舱安装一个水位探测器,当舱内的液面

达到不超过舱容的10%时应发出一个声光报警。

(二)案例点评

艏尖舱进水报警系统是保证船舶航行安全一个重要系统,当发生艏尖舱进水时能及时地提醒船员,为船员及时采取有效措施提供支持。本次船舶安全检查时发现艏尖舱进水报警探头故障,且没有证据表明船员发现该缺陷并采取任何临时补救措施,缺陷真实存在,描述情况准确,公约依据充分,滞留程序合法,应予以滞留。

六、工作建议

(一)对海事工作的建议

1. 散货船的艏尖舱或者货舱等相关处进水报警系统对散货船的航行安全非常重要,在港口国检查中,检查员应对其进行操作性检查,确保其工作的可靠和立即可用性。

2. 由于该系统属于关键应急设备但是极少使用,所以船员往往忽略艏楼排水系统的日常维护保养,因此建议检查员在检查船龄较大的散货船应加强该系统的实操和效用检查。

3. 检查散货船进水报警探测器是否正常工作,首先可以对驾驶台控制面板进行自检,确认声光报警正常。之后,如条件允许,可以让船员下到艏尖舱,人为刺激探测器,其原理与船上其他液位报警装置相同。

(二)对船方管理的建议

1. 船舶管理公司应对散货船结构、稳性和附加安全措施等方面高度重视,船舶安全管理体系应明确规定关于此方面的安全措施、指定人员和相关职责。

2. 船长应组织责任船员对关键设备和安全措施进行学习,熟悉设备的原理、测试方法并按照体系规定的间隔对设备进行测试并做好相关记录。

3. 公司应加大对安全管理体系在船上运行的有效监管,确保安全管理体系在船舶上的有效运行,确保船舶航行安全。

4. 艏尖舱在舱内没有压载水的情况下,注意不要使进水报警系统长时间处于越控位置,防止处于越控位置时艏尖舱发生进水时系统不发出报警。

七、公约及规范梳理

同案例9。

案例 14　三角形标志勘划案例

一、船舶资料

船名	HANGA **	呼号	A8I **
国籍	利比里亚	IMO 编号	89026 **
种类	散货船	总吨	99831
建造日期	1990.6	船级社	LR
船长(m)	291	型深(m)	26
航区	无限	主机功率(kW)	24520

二、检查概况

2012 年 5 月,检查员对利比里亚籍散货船“HANGA ** ”轮进行了港口国监督检查。检查过程中共发现 6 项缺陷,没有实施滞留。检查员发现,该轮于 1990 年 6 月安放龙骨,实际装载货物密度 1970kg/m^3,而在船中两舷处未发现三角形标志,检查员提出这与公约“1999 年以前建造装运货物密度超过 1.78 的单舷壳的散货船必须勘划三角形标志”的要求不符。如图 14-1 所示。其中涉及的缺陷描述如下:

1. 02130　THE TRIANGLE MARK NOT MARKED IN ACCORDANCE WITH THE REQUIRMENT OF SOLAS CXII 8.3

公约依据:SOLAS74 1997AMEND/CXII /R8.3

行动代码:99(next docking)

图 14-1 舷侧船中处无三角形标志

三、公约依据

SOLAS74 1997AMEND/CXII/R8——关于符合散货船要求的资料

1. 第 VI/7.2 条要求的小册子应由主管机关或其代表签署以表明其符合本章第 4、5、6 和 7 条的适用要求。

2. 按第 6 条的要求对载运密度为 1780kg/m^3 及以上的固体散装货物的任何限制应在本条 1 所述的小册子上作出标识和记录。

3. 适用本条 2 的散货船应在船中部左、右舷侧外板上勘划一个实心的永久性等边三角形标志，其边长为 500mm，顶点在甲板线以下 300mm 处，并漆成与船体有反差的颜色。

四、缺陷纠正

船公司要求验船师上船确认后，未对该缺陷提出异议，并安排船舶下次坞检时，在舷侧增加三角形标志。

五、案例分析

(一)公约理解

结合 SOLAS 公约第 12 章内容及相关决议，可以从以下三个方面理解 SOLAS 公约第十二章第 8 条关于三角形标志内容的要求：

1. 对于 1999 年 7 月 1 日以前建造的单舷侧船长大于或等于 150m 不再

散装运输密度为1780kg/m³及以上的固体散装货物的船舶，当装载手册明确说明该船不再装运密度为1780kg/m³及以上的固体散装货物，并且装载手册中不再包括所有载运密度为1780kg/m³及以上的固体散装货物的信息时，可以不打三角形标志。

2. 对于决定采取减小载重量的方式的船舶，若载重线吃水标志和载重线证书没有改变，即在装运密度小于1780kg/m³的固体散装货物时，仍然可以装运至原勘划载重线吃水，则应给出装运密度为1780kg/m³及以上的固体散装货物的吃水和载重量限制，并应在装载手册中明确标识，且应在船中部左右两舷线做一永久性三角形标志。

若根据评估结果重新勘划载重线吃水，颁发载重线证书，并且在装载手册中修改船舶吃水，即在所有的装载状态中，限制船舶吃水和载重量，则可以不打三角标志。

3. 对于决定采取改变装载方式的船舶，若对于第一和第二货舱的货物分布有所限制，而不是关于第2条所定义的一般意义上的均匀装载的限制，装载手册应对该限制做出明确说明，且应在该船的两舷打上三角形标志。

若要求第一和第二货舱的货物采取均匀分布，而装载手册没有完全修改来反映这种只能采用新的货物分布形式的限制，则装载手册应明确说明这种限制，且应在该船的两侧打上三角形标志。

若装载手册已完全修改来反映这种货物分布，并且所有与此不一致的装载工况全部删除，则可以不打上三角形标志。

对于第一货舱的包装货物的最大重量有所限制时，装载手册应明确说明这种限制，三角形标志可以不打。

（二）案例点评

本案例中，安检员通过登轮前了解船舶建造年份等基本信息，登轮时细心观察船体外部情况，提出了关于三角形标志的可疑点，并进行了小心求证。但检查员在检查过程中需进一步核实装载手册中载运货物密度限制和吃水限制等要求，如手册中有，则缺陷恰当合理，如没有，则此缺陷还需进一步核实。

六、工作建议

（一）对海事工作的建议

日常检查工作中，检查员需熟练掌握散货船安全附加措施的相关公约要求，如发现类似缺陷，不但要核查该轮的船舶基本信息、船方提供《装载手册》（loading bookle）以及核实该轮是否有载运货物密度限制和吃水限制等要求，还要与验船师多交流，进而判定该轮是否需勘划三角形标志。检查员可从以下几个方面加强三角形标志相关内容检查：

1. 三角形标志必须与装载资料小册子或装载手册中的签注相对应。

2. 对装载密度大于 1780kg/m^3 固体散货的任何限制，以签注内容为准，并依此来检查船舶装载工况是否符合这些限制要求。

3. 三角形标志的位置、颜色、尺寸应符合相关要求。

检查员在检查散货船是否符合 SOLAS-XII“散货船附加安全措施”的相关要求，首先要在检查前查阅有关被查船的基本信息，确定适用相关条款，检查中要根据检查情况与船舶证书和文件核实是否属于缺陷，检查人员应运用专业知识对符合操作性要求的程度进行评估，判定船员在总体上对操作性要求的熟练程度，以便采取处理意见。其次要在结构、稳性要求，资料、监控设备检查的同时，要加强对散货船货舱结构的维护保养、货物和压载史记录。还应考虑 2009 版《国际海运固体散货安全操作规则（IMSBC Code）》、IMO A. 866(20)决议、船员和码头人员对散货船检查指南、IMO A. 744(18)决议、散货船和油船检验期间的加强检验程序指南等相关出版物、SOLAS 公约第Ⅵ章和第 IX 章相关要求。

（二）对船方管理的建议

1. 船方需加强公约跟踪学习，多与验船师沟通对公约相关内容的理解，保障船舶符合公约要求。

2. 船长及大副应综合考虑到验船师做出的装载限制，符合装载手册中列明的装载形式，避免出现过度应力等原因对货物配载和积载重新做出安排，调整好装货和排压载水顺序和尽量多轮次装货，务必注意到装货和排压载水的顺序对总纵强度和剪力的重大影响。

七、公约相关条款梳理

（一）SOLAS74 1997AMEND

生效日期：1999 年 7 月 1 日

适用范围：2006 年 7 月 1 日前建造散货船

相关条款：

CXII/R8——关于符合散货船要求的资料

1　第 VI/7.2 条要求的小册子应由主管机关或其代表签署以表明符合本章第 4、5、6 和 7 条的适用要求。

2　按第 6 条的要求对载运密度为 1780kg/m^3 及以上的固体散装货物的任何限制应在本条 1 所述的小册子上作出标识和记录。

3　适用本条 2 的散货船应在船中部左、右舷侧外板上勘划一个实心的永久性等边三角形标志，其边长为 500mm，顶点在甲板线以下 300mm 处，并漆成与船体有反差的颜色。

（二）SOLAS74 2004AMEND

生效日期：2006 年 7 月 1 日

适用范围：无论何时建造的散货船

相关条款：

CXII/R8——关于符合散货船要求的资料

1　第 VI/7.2 条要求的小册子应由主管机关或其代表签署以表明符合本章第 4、5、6 和 7 条的适用要求。

2　按第 6 条和第 14 条的要求对载运密度为 1780kg/m^3 及以上的固体散装货物的任何限制应在本条 1 所述的小册子上作出标识和记录。

3　适用本条 2 的散货船应在船中部左、右舷侧外板上勘划一个实心的永久性等边三角形标志，其边长为 500mm，顶点在甲板线以下 300mm 处，并漆成与船体有反差的颜色。

案例 15　散货船加强检验文件案例

一、船舶资料

船名	ALAMA **	呼号	3FK **
国籍	巴拿马	IMO 编号	830 **
种类	散货船	总吨	19340
建造日期	1984.6	船级社	NK
船长(m)	174.7	型深(m)	14.8
航区	无限	主机功率(kW)	7730

二、检查概况

2010 年 10 月,检查员对与国内某集装箱船发生碰撞事故的巴拿马籍散货船"ALAMA ** "实施港口国监督检查。检查过程中发现,针对散货船的《特别加强检验文件》船上无法提供。关于散货船加强检验(ESP)的缺陷为:

1.02119　ENHANCED SURVEY PROGRAMME(ESP) FILE NOT PROVIDED ON BOARD

公约依据:SOLAS74 1994AMND/CXI/R2　Res. A.744(18)

行动代码:30

三、公约依据

SOLAS74 2005AMEND/CXI-1/R2 -第Ⅸ/1.6 条定义的散货船和第Ⅱ-1/2.22 条定义的油船,应按照本组织以 A.744(18)号决议通过的,可由本组织修正的导则执行加强检验计划,但这种修正案的通过、生效和实施,应按本公约第Ⅷ条有关适用于除第 1 章以外的附件修正程序的规定。

四、缺陷纠正

针对此缺陷,船长按照体系要求将问题及时报告给公司,公司安排验船师及时上船进行了临时检验,并将重新编制的加强检验文件送到船上。

五、案例分析

(一)公约理解

散货船安全引起了国际海事组织的高度重视,为确保船舶不会因腐蚀、超载或碰撞而发生诸如裂缝、屈曲等损坏变形,而使结构件所损减厚度在极限范围内,SOLAS74-2005AMEND/CXI-1/R2 要求散货船和油船按 A.744(18)决议(即《散货船和油船检验期间加强检验程序指南》)执行"加强检验程序(ESP)",对于散货船要求船龄在十年以上船舶开始实施 ESP 加强检验,只有通过检验才有文件,对船龄十年以下的散货船暂不要求执行 ESP 检验。

(二)案例点评

本案例是一件碰撞事故,由于结合海事调查,对事故船实施了 PSC 检查。通过检查,检查人员能够有针对性地开展老旧散货船的港口国监督检查,围绕散货船的加强海上安全的特别措施相关内容进行了详细检查,并发现 ESP 方面的缺陷。这是一起成功的推理判断的典型案例。

六、工作建议

(一)对海事工作的建议

检查员需加强理论学习,增强对老旧散货船的检查力度,围绕加强检验程序(ESP)重点检查一下几个方面:

1. 检查船上是否备有为即将到来的检验所指定的加强检验计划[实施 ESP 的船舶,在年度检验、中间检验、坞内检验和特别检验时都要按"加强检验程序(ESP)"的要求加强对船体结构的检验];也可以检查以前最近的加强检验计划,以考察船舶在过去的检验中是否有效实施了加强检验程序。

2. 检查船上是否备有 A744(18)决议中第 7.2、7.3 条规定的必备文件。通过文件的检查,可以了解船舶及公司对加强检验程序所做的准备工作,并可了解船舶结构的大致情况。但对第 A744(18)决议 7.2.1 条所列的文件,在检查时应酌情考虑其签发到船所需时间。

3. 实施 ESP 的船舶,在定期检验、坞内检验、年度检验、中间检验时都要按"加强检验程序(ESP)"的要求加强对船体结构的检验,出具检验报告;换证检验完成后出具状况评估报告。

(二)对船方管理的建议

1. 船公司及船舶需加强证书管理,明确责任人,防止船舶证书丢失。

2. 鉴于检验报告文件通常不在船舶证书文件夹中存放,易于与其他文件袋混放,故船长在交接班过程中要认真核对加强检验文件的存放处所。

3. 对散货船结构、稳性和附加安全措施等方面提高认识,船舶安全管理体系应明确规定关于此方面的安全措施、指定人员和相关职责。

七、公约相关条款梳理

(一)SOLAS74 1994AMEND

生效时间:1996 年 1 月 1 日

适用范围:国际航行散货船

相关条款:

CXI-1/R2——加强检验

第Ⅸ/1.6 条定义的散货船和第Ⅱ-1/2.12 条定义的油船,应按照本组织以 A.744(18)号决议通过的,可由本组织修正的导则执行加强检验计划,但这种修正案的通过、生效和实施,应按本公约第Ⅷ条有关适用于除第1 章以外的附件修正程序的规定。

(二)SOLAS74 2005AMEND

生效日期:2009 年 1 月 1 日

适用范围:国际航行散货船

相关条款:

CXI-1/R2——加强检验

第Ⅸ/1.6 条定义的散货船和第Ⅱ-1/2.22 条定义的油船,应按照本组织以 A.744(18)号决议通过的,可由本组织修正的导则执行加强检验计划,但这种修正案的通过、生效和实施,应按本公约第Ⅷ条有关适用于除第1 章以外的附件修正程序的规定。

(三)SOLAS74 2012AMEND

生效日期:2014 年 1 月 1 日

适用范围:国际航行散货船

相关条款:

CXI-1/R2——加强检验

第Ⅸ/1.6 条定义的散货船和第Ⅱ-1/2.22 条定义的油船，应按照本组织大会 A.1049(27)决议通过的《2011 年国际散货船和油船检验期间加强检验程序规则》(2011 年 ESP 规则)，可由本组织修正的导则执行加强检验计划，但这种修正案的通过、生效和实施，应按本公约第Ⅷ条有关适用于除第 1 章以外的附件修正程序的规定。

案例 16　货舱舱壁缺陷案例

一、船舶资料

船名	GOLDEN **	呼号	DSO **
国籍	巴哈马	IMO 编号	945 **
种类	散货船	总吨	22145
建造日期	1994.4	船级社	NK
船长(m)	179.9	型深(m)	15.3
航区	无限	主机功率(kW)	7950

二、检查概况

2010 年 6 月 17 日，检查员对该轮进行检查，该轮为 1994 年安放龙骨的船舶，共有 5 个货舱，货舱内涂层较完整，检查过程中检查员发现该轮 NO. 3 货舱内有积水，遂下舱进行详细检查，发现 NO. 3 货舱前端槽形舱壁与下凳连接处存在裂纹(图 16-1)，左舷底边舱斜板与内底板折角线存在裂纹(图 16-2)，鉴于船舶存在上述缺陷，检查员对该轮实施滞留，并要求验船师登轮进行检验。其中发现涉及缺陷及描述如下：

1. 02116 CONNECTION OF FORE CORRUGATED IN NO. 3 CARGO HOLD WITH LOWER STOOL CRACKED

公约依据：SOLAS74 1981AMEND/CII-1/R14.1，R14.2.1

行动代码：30

2. 02116 CONNECTION OF PORTSIDE HOPPER TANK WITH INNER BOTTOM PLATING CRACKED IN NO. 3 CARGO HOLD AT FRAME NO. 47-48

公约依据：SOLAS74 1981AMEND/CII-1/R14.1，R14.2.1

行动代码：30

图 16-1 NO.3 货舱前槽型舱壁与下凳连接处开裂

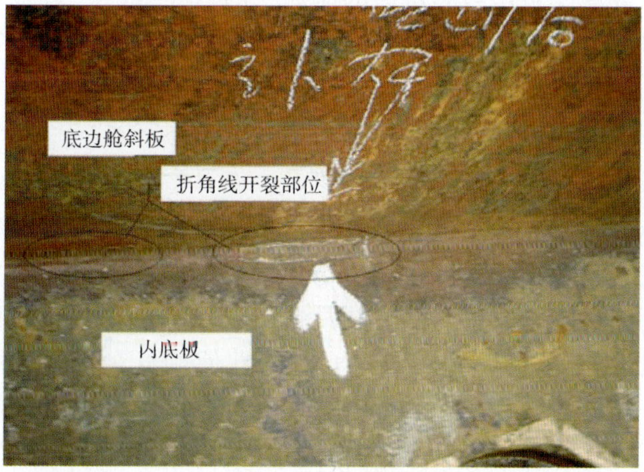

图 16-2 NO.3 货舱左舷底边舱斜板与内底板折角线裂纹

三、公约依据

SOLAS74 1981AMEND/CII-1/R14——客船和货船的水密舱壁等的构造与初次试验

1 无论横向或纵向的每一水密分舱舱壁，其构造应能有适当的抗强裕度来承受船舶在破损时可能遭受的最大水头压力，但至少须能承受到限界线的水头压力。这些舱壁的构造应经主管机关同意。

2.1 舱壁上的阶层及凹折均应水密，并与其所在处所的舱壁具有同等强度。

四、缺陷纠正

进行永久性修理并通过船级社附加检验后解除滞留。

五、案例分析

(一)公约理解

在散货船货舱舱壁大多是水密舱壁,主要作用是在船舶结构设计上作为主要的强力构件,此外,在紧急状况时能防治船舶进水向相邻舱室中蔓延。

自 SOLAS 公约生效以来,关于水密舱壁的要求修正不多,总体要求为其构造应能有适当的富余强度来承受船舶在破损时可能产生的最大水头压力,并至少要承受货舱灌满水后的压力,并且槽型舱壁、舱壁上的凹折应与其所在处所的舱壁具有同等的强度。同时,水密舱壁的构造要经过主管机关的同意,并通过灌水试验或冲水试验以检查其构造、焊缝等能否达到水密的要求。

(二)案例点评

本案例中舱壁与壁凳、内底板与底边舱斜板连接处存在裂纹导致底边舱压载水渗漏,缺陷产生的原因为应力集中、构件疲劳所致,检查员因此缺陷滞留船舶是恰当、合理的,并且船方、船级社等方面对此也无疑义。值得注意的是,此类案例的产生多为应力集中,即使船员对货舱舱壁日常维护保养到位,应力集中部位的裂纹、开裂等损伤也不可避免;同时,对于此类缺陷的纠正,应不仅限于表面缺陷的处理,更应注重检查类似部位、构件以及其周围构件是否存在类似缺陷。

六、工作建议

(一)对海事工作的建议

1. 在实际检查过程中,不应根据货舱舱壁涂层状况作为判断此类缺陷存在的依据,特别是船龄较大的船舶,在条件允许的情况下,应尽量下舱进行近观检查。

2. 散货船货舱舱壁缺陷一般有以下几种:一是保护涂层脱落,过分的损耗,腐蚀,这些问题在一些老旧散货船上更为突出;二是裂纹;三是屈曲,由于过载或机械碰撞,多个横舱壁的中部及上部发现屈曲皱折;四是变形、破损、开裂，多为装卸机械碰撞等外力造成。检查中应予以特别关注。

3. 舱壁的中部和底部有可能处于严重的腐蚀状态，尤其是对没有涂层保护的结构：邻接船壳板的舱壁板；在顶边舱和底边舱之间用于通风、压载管系的围避通道；舱壁板及与上/下凳平板和内底板的连接焊缝；与顶边舱和底边舱连接焊缝附件。

4. 裂纹通常发生在槽型舱壁及壁凳连接处，在壁凳平板、卸载板、甲板、内底板等处；过度的腐蚀常发生在隔板位置，尤其在其焊缝连接处上下位置，很多裂纹不易被发现而引发的后果却是严重的。

5. 当在货舱检查时发现有机械损伤的变形时，应仔细检查凳部结构的损坏，在货舱检查时发现的下凳与槽型舱壁连接处裂纹可能始发于内部隔板的焊缝连接处。

6. 对于缺陷的纠正应充分听取船级社的意见并考虑本港的实际修理能力，对于滞留性缺陷在采取临时修理措施并经船级社附加检验合格的，可限期予以纠正。

7. 对于此类缺陷应建议船检社查找缺陷产生的原因，制定解决方案，力求从根源上避免此类缺陷的再次出现。

8. 在进行货舱检查时，应准备好工作服、防滑鞋、手套、安全帽、保险绳等保护用品，要特别注意人身安全。

（二）对船方管理的建议

1. 在船舶营运中，应要求船员注意对舱壁构件、连接处焊缝的日常检查，特别是加强装卸货前后的检查，以及早发现诸如裂纹、焊缝开裂、屈曲、过渡腐蚀等缺陷并进行纠正，避免对船舶结构产生严重损害。

2. 对于发现的裂纹、焊缝开裂、屈曲等缺陷，在进行纠正时应尽量要求验船师登轮进行附加检验，以便发现隐藏于表面缺陷后的严重缺陷。

3. 做好货舱舱壁的日常维护保养工作。

4. 装卸货前充分与港口作业单位沟通，做好装载计划，避免因装卸货操作不合理对船舶横舱壁构件造成损伤。

5. 加强与港口作业单位协调，避免野蛮操作，对货舱构件造成变形、破损等机械损伤。

七、公约相关条款梳理

（一）SOLAS74

生效时间：1980 年 5 月 25 日

适用范围:1980 年 5 月 25 日 ~1984 年 9 月 1 日建造船舶

相关条款:

CII-1/R12——水密舱壁等的构造与初次试验

1　无论横向或纵向的每一水密分舱舱壁,其构造应能以适当的抗强裕度支持船舶在破损时可能遭受的最大水头的压力,但至少须能支持高达限界线的水头压力,此等舱壁的构造应经主管机关同意。

2.1　舱壁上的阶层及壁凹均应水密,并与其所在处所的舱壁具有同等强度。

2.2　如肋骨或横梁穿过水密甲板或舱壁时,此甲板或舱壁应在不用木材或水泥的情况下做成结构上的水密。

3　并不强制对各主要舱室进行灌水试验。但如不进行该项灌水试验,则必须进行冲水试验,此试验应在船舶进行舾装的最后阶段进行。在任何情况下,都应对水密舱壁进行全面的检查。

(二)SOLAS74 1981AMEND

生效时间:1984 年 9 月 1 日

适用范围:1984 年 9 月 1 日 ~1998 年 7 月 1 日建造船舶

相关条款:

CII-1/R14——客船和货船的水密舱壁等的构造与初次试验

CII-1/R14.1——同 SOLAS 1974/CII-1/R12.1

CII-1/R14.2.1——同 SOLAS 1974/CII-1/R12.2.1

CII-1/R14.2.2——同 SOLAS 1974/CII-1/R12.2.2

CII-1/R14.3——同 SOLAS 1974/CII-1/R12.3

(三)SOLAS74 1998AMEND

生效时间:2002 年 7 月 1 日

适用范围:1998 年 7 月 1 日 ~2009 年 1 月 1 日建造船舶

相关条款:

CII-1/R14——客船和货船的水密舱壁等的构造与初次试验

CII-1/R14.1——同 SOLAS 1974/CII-1/R12.1

CII-1/R14.2.1——同 SOLAS 1974/CII-1/R12.2.1

CII-1/R14.2.2——同 SOLAS 1974/CII-1/R12.2.2

CII-1/R14.3——各主要舱室的灌水试验不是强制性的。如不进行灌水试验时,则如实际可能应做冲水试验。此试验应在船舶的舾装工作进行到最后阶段时进行。如由于冲水试验可能造成机械、电气设备绝缘或舾装件的损坏而不可行时,则可用对焊接缝的细致目视检查予以替代,如认为必要时还应由类似于着色渗透试验或超声波测漏试验或等效试验加以支持。任何情况下,均应对水密舱壁进行彻底检查。

(四)SOLAS74 2006AMEND

生效时间:2009 年 1 月 1 日

适用范围:2009 年 1 月 1 日以后建造船舶

相关条款:

CII-1/R10——水密舱壁的构造

1 每一水密分舱舱壁,无论横向或纵向,其构造应具有第 2.17 条所述的尺寸。在任何情况下,水密分舱舱壁应至少能够支持高达舱壁甲板的水头压力。

2 水密舱壁上的阶层及壁凹均应与其所在地方的舱壁具有同等强度。

CII-1/R11——水密舱壁等的初次试验

1 对于不拟用于装载液体的水密处所和用于装载压载水的货舱,灌水试验并非强制。若不进行灌水试验,则应尽可能进行冲水试验。此项试验应在船舶舾装工作的最后阶段进行。若由于冲水试验可能造成机械、电气设备绝缘或舾装设备的损坏而使冲水试验不可行,则可用对焊接缝的细致目视检查予以替代,如认为必要,还应辅之以着色渗透试验、超声波测漏试验或等效试验等方法加以支持。无论如何,都应对水密舱壁进行彻底的检查。

案例 17　货舱甲板区域检查案例

一、船舶资料

船名	DO ＊＊	呼号	HM ＊＊
国籍	朝鲜	IMO 编号	929 ＊＊
种类	散货船	总吨	8900
建造日期	2005.10	船级社	Korea Classification Society
船长(m)	148	型深(m)	8.9
航区	无限	主机功率(kW)	2260

二、检查概况

2013 年 1 月 23 日,检查员对靠泊辖区泊位的朝鲜籍“DO ＊＊”轮进行PSC 检查,检查员发现该轮总体船况较差,遂对其进行了详细检查。检查中发现在甲板区域该轮右舷主甲板压载舱两只空气管在颈部锈断;货舱之间甲板上的多个通风筒由于缺乏维护保养,通风筒围壁、罩盖锈蚀严重,存在明显的锈洞,且通风筒的开关装置关闭困难,无法保证有效的封闭;1 号、2号货舱舱口围板多处存在锈洞,检查员依法对该轮采取了滞留措施。如图17-1 ~ 图 17-3 所示。具体缺陷描述如下:

1. 03108 TWO AIR PIPES OF BALLAST TANK STARBOARD SIDE ADJACENT TO NO. 2 CARGO HOLD RUSTED AND COLLAPSED.

公约依据:LL66/88 2003AMEND/ANI/R20

行动代码:30

2. 03108 A NUMBER OF VENTILATIONS BETWEEN CARGO HOLDS CORRODED SEVERELY AND HOLED AND OPEN/CLOSE SWITCH NOT ACTIVE.

公约依据:LL66/88 2003AMEND/AN1/R19

行动代码:30

图 17-1　主甲板压载舱空气管锈蚀和损坏

图 17-2　货舱通风筒锈蚀及锈洞

图 17-3　货舱舱口围板多处锈洞

3.03104 HATCH COAMING OF NO.1 AND NO.2 CARGO HOLDS CORRODED AND HOLED.

公约依据:LL66/88 2003AMEND/AN1/R14-1

行动代码:30

三、公约依据

LL66/88 2003AMEND/AN1/R14-1——舱口围板

(1)舱口围板按照其位置应结构坚固,其在甲板上的最小高度应:

(a)在位置1时,为600mm;

(b)在位置2时,为450mm。

LL66/88 2003AMEND/AN1/R19——通风筒

1.在位置1或位置2,通往干舷甲板或封闭上层建筑甲板以下处所的通风筒应有钢质或其他相当材料的围板,其结构应坚固,并且与甲板牢固地连接。在位置1的通风筒,其围板在甲板以上的高度应至少为900mm,在位置2的通风筒,其围板在甲板以上的高度应至少为760mm。如果任何通风筒的围板高度超过900mm,则必须有专门的支撑。

2.通过非封闭的上层建筑的通风筒,应在干舷甲板上有坚固结构的钢质或其他相当材料的围板。

3.在位置1围板高出甲板4.5m的通风筒和在位置2围板高出甲板2.3m的通风筒,不需装设封闭装置,除非主管机关有特别要求。

4.除第(3)款规定的以外,通风筒的开口应设有钢质或其他相当材料的风雨密封闭装置。对于长度不超过100m的船舶,封闭装置应永久地附装于通风筒上;对于其他船舶,如不是这样装设,则应将封闭装置贮存于其对应通风筒便利之处。

5.在露天部位,围板的高度可以增加到主管机关满意的高度。

LL66/88 2003AMEND/ANI/R20——空气管

如压载水舱或其他液舱的空气管伸到干舷甲板或上层建筑甲板之上,其露出部分应结构坚固;自甲板至空气管可能进水点的高度在干舷甲板上应至少为760mm,在上层建筑甲板上至少为450mm。如果上述高度可能妨碍船上工作时,如果主管机关认为该关闭装置和其他条件证明较小高度是合理的,可同意采用较小的高度。空气管应装设自动关闭装置。

四、缺陷纠正

综合三项严重缺陷以及船舶整体技术状况、维护保养情况,安检员对该轮采取滞留的措施，要求船舶必须在本港整改缺陷，纠正合格方能离港。船方、船级社等各方对此均无异议。经过两天的修理，并经验船师的检验、检查员的复查，认为缺陷纠正合格，遂对该轮解除滞留。

五、案例分析

（一）公约理解

国际载重线公约中关于空气管、通风筒以及舱口围板都有一最基本要求即结构坚固，同时根据其所在位置不同对于高度有不同的要求：对于空气管以在干舷甲板或在上层建筑甲板为限制条件，在干舷甲板上应至少为760mm，在上层建筑甲板上至少为450mm，并应装设自动关闭装置；对于通风筒和舱口围板则以位置1和位置2作为限制条件，在载重线公约第十三条中，位置1、位置2定义如下：

位置1——在露天的干舷甲板上和后升高甲板上，以及位于从首垂线起船长的四分之一以前的露天上层建筑甲板上。

位置2——在位于从艏垂线起船长的四分之一以后，且在干舷甲板以上至少一个标准上层建筑高度的露天上层建筑甲板上。在位于从首垂线起船长的四分之一以前，且在干舷甲板以上至少两个标准上层建筑高度的露天上层建筑甲板上。

对于通风筒而言，在位置1其围板在甲板以上的高度应至少为900mm，在位置2其围板在甲板以上的高度应至少为760mm。如果任何通风筒的围板高度超过900mm，则必须有专门的支撑。在位置1的通风筒其围板高出甲板以上4.5m，和在位置2的通风筒其围板高出甲板以上2.3m，除主管机关有特殊要求外，均不需装设关闭装置。

对于舱口围板，其在甲板上的最小高度应为：在位置1时为600mm；在位置2时为450mm。

需要注意对位置1和位置2定义中"上层建筑"定义的理解，按照公约"上层建筑"定义为"在干舷甲板上的甲板建筑物，从舷边跨到舷边或其侧壁板离船壳板向内不大于船宽(B)的4%"，此定义不同于习惯上对上层建筑概念的理解，通常对于在干舷甲板以上的建筑物一般理解为上层建筑，如生活区、驾驶室等区域构成的围蔽处所，但是对于大多数船舶来说，诸如生活区、驾驶室等区域构成的围蔽处所不满足载重线公约中关于上层建筑的定义，直接导致对于认定位置1和位置2的差异，进而导致对通风筒、舱口围板要求的不同，需要予以高度关注。

(二)案例点评

本案例中,安检员基于对该船“保养不良”的总体印象,对船体结构、涉及载重线方面的结构设备进行了详细检查,并发现严重危及船舶航行安全的缺陷。

对于缺陷1,该船主甲板系干舷甲板,属于位置1,按照公约要求,其上的空气管应“结构坚固”、“甲板以上的高度应至少为900mm”,且应“装设自动关闭装置”。事实上,该轮右舷主甲板压载舱两只空气管在颈部锈断,不满足公约关于空气管在“结构坚固、高度、关闭装置”方面的要求。作为影响船舶核定干舷和保证船舶风雨密的重要因素,检查员对此项缺陷定为“可滞留的缺陷”。

对于缺陷2,该轮货舱之间甲板上的多个通风筒由于缺乏维护保养,通风筒围壁、罩盖锈蚀严重,存在明显的锈洞,且通风筒的开关装置关闭困难,无法保证有效的封闭。按照公约规定,通风筒应“结构坚固”,在位置1的通风筒,其围板在甲板以上的高度应至少为900mm,高度低于4.5m的需要有风雨密封闭装置。显然该轮的现状不能满足公约要求。考虑到该缺陷对船舶载重线和风雨密方面的影响,认定该缺陷为“可滞留的缺陷”。

对于缺陷3,该轮共有三个货舱,其中1号、2号货舱舱口围板多处存在锈洞,严重不符合公约关于舱口围板“结构坚固”的要求,也不能满足船舶风雨密的要求。因此该项缺陷也认定为“可滞留的缺陷”。

检查员对于上述三个滞留缺陷认定客观,公约依据准确,处理措施得当。该轮发现的三个滞留缺陷均为载重线方面的问题,且非常直观、易见,船员在日常工作中应该很容易避免。因此,这些缺陷直接反映出船方对船舶维护保养方面的疏漏。近几年,由于航运市场不景气,很多船舶公司受到了较大冲击,为缩减成本,一些公司减少船舶维护保养方面的投入,同时因船员工资的消减,导致船员消极怠工,疏于对船舶进行细致的维护保养,从而导致了上述情况的发生。

六、工作建议

(一)对海事工作的建议

1. 甲板、舱口围、舱盖、通风筒、空气管、舷墙等,是涉及载重线和保持船舶密性、稳性重要的结构和设备,检查员在对船舶实施检查过程中,要对这些风雨密结构和设备给予关注。

2. 检查员要准确理解、掌握位置1、位置2、上层建筑以及空气管、通风筒、舱口围等分布于不同位置时的要求，以便在检查中准确应用。

3. 检查前要对船舶整体结构进行熟悉、了解，根据公约定义准确区分船舶位置1和位置2部位，确定空气管、通风筒、舱口围等所在位置，便于开展检查。

4. 检查时应注意对焊缝连接处、遮蔽不易维护保养等位置的检查，对于保养图层脱落、锈蚀严重位置应予以特别关注。

5. 对于布置在位置不明确处（不属于位置1和位置2）的空气管、通风筒、舱口围板等依据载重线公约开具缺陷特别是滞留缺陷时需慎重，必要时要先与船级社沟通确认，避免发生争议。

6. 检查时应携带量尺、检验锤等工具以方便检查。

（二）对船方管理的建议

1. 航运公司应加强对船舶在维护保养方面的管理，杜绝因投入减少、船员懈怠而导致船舶维护保养方面的缺漏。

2. 营运中，应按照体系文件要求加强对空气管、通风筒、舱口围板等区域的日常检查与维护保养，发现问题及时纠正；对于无法通过自修纠正的，要及时通知公司，获取岸基支持，并及时与船级社沟通，做好临时修理以及检验报告、证书的签发、签注，保持船舶结构、设备安全技术状况的稳定。

3. 对于在检查过程中发现的缺陷，及时与公司、船级社沟通，寻求技术支持，避免不当滞留的发生。

七、公约相关条款梳理

（一）ICLL66

生效时间：1968年7月21日

适用范围：1968年7月21日~2000年2月3日建造船舶

相关条款：

AN1/R14——货舱口及其他舱口

1. 处于“位置1”和“位置2”的货舱口和其他舱口的结构及其保持风雨密的方法，应至少相当于本附则第十五条和第十六条的要求。

2. 对上层建筑甲板以上的各层甲板的开敞处所的舱口，其舱口围板和舱口盖，应符合主管机关的要求。

AN1/R19——通风筒

1. 在“位置 1”或“位置 2”，通往干舷甲板或封闭上层建筑甲板以下的处所的通风筒，应有钢质的或其他相当材料的围板，其结构应坚固，并且与甲板牢固地连接。如果任何通风筒的围板，高度超过 900mm[35X(1/2)吋]，则必须有专门的支撑。

2. 通过非封闭的上层建筑的通风筒，应在干舷甲板上有坚固结构的钢质的或其他相当材料的围板。

3. 在“位置 1”的通风筒，其围板高出甲板以上 4.5m(14.8 呎)，和在“位置 2”的通风筒，其围板高出甲板以上 2.3m(7.5 呎)，除主管机关有特殊要求外，均不需装设封闭装置。

4. 除本条第 3 款规定的以外，通风筒的开口应具备有效的风雨密封闭设备。对长度不超过 100m(328 呎)船舶的封闭设备应永久地附装于通风筒上；其他船舶，如不是这样装设的，它们应方便地储存在指定附装的通风筒附近。在“位置 1”的通风筒，甲板以上的围板高度，应至少为 900mm[35X(1/2)吋]，在“位置 2”的通风筒，甲板以上的围板高度，应至少为 789mm(30 吋)。

5. 在开敞部位，围板的高度可要求增加到主管机关认可的高度。

AN1/R20——空气管

如压载水舱或其他水舱的空气管伸到干舷甲板或上层建筑甲板之上，其露出部分应结构坚固；自甲板至水可能从管口进入下面的那一点高度在干舷甲板上应至少为 760mm(30 吋)，在上层建筑甲板上至少为 450mm[17X(1/2)吋]。如果上述高度可能妨碍船上工作时，可同意用一个较小的高度，但需经主管机关认为该关闭装置和其他周围环境是可以用这一个较小高度。对空气管管口；应具有永久附装于管口的合适的关闭装置。

(二) ICLL66 88 PROTOCOL

生效时间：2000 年 2 月 3 日

适用范围：1968 年 7 月 21 日 ~2005 年 1 月 1 日建造船舶

相关条款：

AN1/R14——同 ICLL66/ AN1/R14

AN1/R19——通风筒

1. 在“位置 1”或“位置 2”，通往干舷甲板或封闭上层建筑甲板以下的处所的通风筒，应有钢质的或其他相当材料的围板，其结构应坚固，并且与甲板牢固地连接。如果任何通风筒的围板，高度超过 900mm，则必须有专门的支撑。

2. 通过非封闭的上层建筑的通风筒,应在干舷甲板上有坚固结构的钢质的或其他相当材料的围板。

3. 在“位置 1”的通风筒,其围板高出甲板以上 4.5m,和在“位置 2”的通风筒,其围板高出甲板以上 2.3m,除主管机关有特殊要求外,均不需装设封闭装置。

4. 除本条 3 规定的以外,通风筒的开口应具备有效的风雨密封闭设备。对长度不超过 100m 船舶的封闭设备应永久地附装于通风筒上;其他船舶,如不是这样装设的,它们应方便地贮存在指定附装的通风筒附近。在“位置 1”的通风筒,甲板以上的围板高度,应至少为 900mm,在“位置 2”的通风筒,甲板以上的围板高度,应至少为 760mm。

5. 在露天部位,围板的高度可要求增加到主管机关认可的高度。

AN1/R20——空气管

如压载水舱或其他水舱的空气管伸到干舷甲板或上层建筑甲板之上,其露出部分应结构坚固,自甲板至水可能从管口进入下面的那一点高度在干舷甲板上应至少为 760mm,在上层建筑甲板上至少为 450mm。如果上述高度可能妨碍船上工作时,可同意用一个较小的高度,但需经主管机关认可该关闭装置和其他周围环境是可以用这一个较小高度。对空气管管口,应具有永久附装于管口的合适的关闭装置。

(三) ICLL66 2003AMEND

生效时间:2005 年 1 月 1 日

适用范围:2005 年 1 月 1 日及以后安放龙骨或处于类似建造阶段的机动船舶

相关条款:

AN1/R14-1——舱口围板

(1) 舱口围板应按其位置具有坚固结构,其在甲板上的最小高度应:

(a) 在位置 1 时,为 600mm;和

(b) 在位置 2 时,为 450mm。

(2) 如果舱口符合第 16(2) 至 16(5) 条规定,且主管机关确信船舶安全在任何海况下不受影响,其围板高度可以减小或完全取消。

AN1/R19——通风筒

(1) 在位置 1 或位置 2,通往干舷甲板或封闭上层建筑甲板以下处所的通风筒,应有钢质的或其他相当材料的围板,其结构应坚固,并且与甲板牢固地连接。在位置 1 的通风筒,围板在甲板以上的高度应至少为 900mm,

在位置2的通风筒，围板在甲板以上的高度应至少为760mm。如果任何通风筒的围板高度超过900mm，则必须有专门的支撑。

(2)通过非封闭的上层建筑的通风筒，应在干舷甲板上有结构坚固的钢质的或其他相当材料的围板。

(3)在位置1的通风筒，其围板高出甲板以上4.5m，和在位置2的通风筒，其围板高出甲板以上2.3m，除主管机关有特殊要求外，均不需装设关闭装置。

(4)除上述(3)的规定以外，通风筒的开口应有钢质或其他相当材料的风雨密关闭设备。对长度不超过100m的船舶，该关闭设备应永久性附装于通风筒上；其他船舶如未这样装设，则应储存在指定的通风筒附近并便于取用。

(5)在露天部位，围板的高度可以增加到主管机关认可的高度。

AN1/R20——通风筒

(1)如果压载水舱和其他液舱的空气管伸到干舷甲板或上层建筑甲板之上，其露出部分应结构坚固；自甲板至可能向下进水之处的高度在干舷甲板上应至少为760mm，在上层建筑甲板上至少为450mm。

(2)如果上述高度可能妨碍船上工作，可同意用一个较小的高度，但应经主管机关认可关闭装置和其他周围环境表明可以用一较小高度。

(3)空气管应装设自动关闭装置。

(4)可同意在油船上使用压力真空阀(PV 阀)。

案例 18　货舱甲板板裂纹案例

一、船舶资料

船名	IKAN ***	呼号	3KY **
国籍	巴拿马	IMO 编号	94389 **
种类	散货船	总吨	38107
建造日期	1999.6	船级社	CCS
船长(m)	235.25	型深(m)	18.20
航区	无限航区	主机功率(kW)	8400

二、检查概况

2005 年 1 月 9 日,该轮在某港锚地待命时遇到恶劣天气和大风浪,造成左右锚机止链器底座损坏,右锚连同锚链丢失,并且在甲板上 No.6 货舱左右 91 ~92 肋位之间的横向焊缝上发现两道裂纹。船舶靠泊后,检查员对该轮进行了检查,与验船师一起就船舶主甲板裂纹问题进行了分析,并就船舶修理提出了指导意见。针对船舶主甲板裂纹情况(图 18-1),检查员开具了如下缺陷:

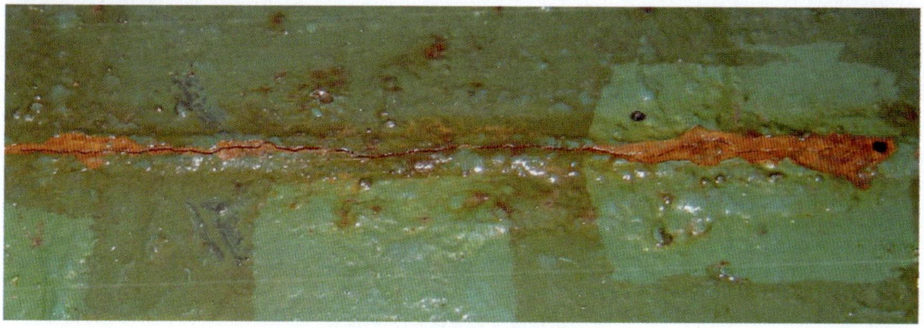

图 18-1　主甲板裂纹

1.02118 CRACK FOUND ON MAIN DECK AT FRAME91-92
公约依据:SOLAS74 1996AMEND/CII-1/R3-2
行动代码:17

三、公约依据

SOLAS74/CII-1/R3-1 船舶的结构和机电设备要求

除符合本公约其他要求外,船舶的设计、建造和维护还应符合主管机关按第 XI/1 条的规定予以承认的船级社对结构和机电设备的要求,或应符合具有相当安全水平的、适用的主管机关国家标准。

IACS 散货船共同结构规范 C11/SECTION2

R1.1.5 船厂所采用的质量标准应提交船级社,并且除根据具体情况另有规定外,应适用于所有的焊接接头。

R1.1.6 已完工的焊缝应使现场验船师满意。

R1.1.7 焊缝无损检测(NDE)应在检测计划中所指明的位置处进行,以确保焊缝没有裂纹、有害的内部缺欠及缺陷。

四、缺陷纠正

验船师登轮对该轮强度进行了计算,排除了船舶总纵强度不足、配载不当及甲板局部过度腐蚀致板厚超薄引起局部应力过大等造成裂纹的原因,确定了船舶该处裂纹产生的原因是由于当时厂修时的焊缝未完全焊透(图 18-2),经受大风浪后导致焊缝裂开。

图 18-2　旧焊缝未焊透

该轮于2005年1月14日至1月20日，进修船厂进行了厂修，并在修理后对主甲板焊缝进行了真空气密试验，确保修理合格，并经检验合格后关闭了该缺陷。

五、案例分析

(一)公约理解

针对船舶强度，公约未给出明确的技术标准，仅在1996修正案中提到了"除符合本公约其他要求外，船舶的设计、建造和维护还应符合认可组织对船舶结构和机电设备的要求"。据了解，各船级社对所入级船舶的要求并不完全一致，检查员也不可能掌握所有船级社的入级标准。在《散货船共同结构规范(CSR)》中要求"船舶应至少用净尺寸加上腐蚀增量得到的总尺寸来建造"，甲板出现明显裂缝肯定不能满足适航要求。适用以上标准时应注意公约修正案及CSR的生效时间和适用范围。

(二)案例点评

本次检查是针对发生海上交通事故的船舶实施的，并且检查员和验船师共同对裂纹的产生原因进行分析研究，这种做法值得借鉴。另外，船舶甲板裂纹明显会导致不适航，但本案例中的裂纹是船舶在恶劣天气、大风浪情况下避风时造成的，并且进港后立即查找原因、进行修理，检查员未实施滞留的做法也应当是可以接受的。

六、工作建议

(一)对海事工作的建议

1　根据PSC检查程序，甲板裂纹将造成船舶不适航，应属于滞留性缺陷，在实际检查中也应综合考虑造成甲板裂纹的原因，具体问题区别对待。对于本案例中的情况要求开航前纠正更合适一些。

2　对于发生海上交通事故的船舶，该案例中的一些做法是值得各海事部门借鉴的。

.1　根据安检规则第九条相关规定，发生水上交通事故的船舶安全检查时间间隔不受六个月限制，如果事故影响了船舶的适航性能，海事机构应安排对相应船舶实施安全检查。

.2　在检查时应要求船方申请临时检验，与验船师共同研究缺陷的严重程度及修理方案，并要求验船师对修复情况出具检验报告。

.3 检查员应运用专业知识对船舶存在的缺陷作出判断,并结合实际情况,给出"开航前纠正、滞留"等处理意见。一般如船方对影响适航性能的损坏部位还不知情,则应实施禁止离港;如船方已经在安全检查之前发现了事故造成损坏的部位,并安排了修理,也可以结合验船师的意见开具缺陷处理意见。

3 对于此类缺陷检查员应建议船级社查找缺陷产生的原因,制定解决方案,力求从根源上避免此类缺陷的再次出现,否则,修复的部位在短时间内还会再次损坏。

4 需要注意的是,只有按 IACS 共同规范建造的船舶,才适用共同规范的要求,并且 IACS 共同规范的规定可以作为验船师开展检验的依据,可否作为 PSC 检查的公约依据还应进行探讨。

(二)对船方管理的建议

该处裂纹产生的原因,是由于当时厂修时的焊缝未完全焊透,经受大风浪后导致焊缝裂开,而该处的焊缝是由于在修船期间,为了施工的方便而开的工艺孔所产生的焊缝。因此,为避免类似事件的发生,船舶应:

1. 修船期间,尽量避免在甲板上等强力构件开工艺孔。

2. 如无法避免,应审核相关的施工工艺并在焊接完毕后,采取必要的无损检测(NDT)来确保焊接质量。

3. 船舶发生影响适航性能的水上交通事故之后,应当及时将情况向海事机构、检验机构及船公司报告,并邀请验船师登轮共同制定修理计划,争取避免发生滞留。

七、公约相关条款梳理

(一)SOLAS 1996AMEND

生效时间:1998 年 7 月 1 日

适用范围:1998 年 7 月 1 日或以后建造国际航行散货船

相关条款:

CII-1/R3-1——船舶的结构和机电设备要求

除符合本公约其他要求外,船舶的设计、建造和维护还应符合主管机关按第 XI/1 条的规定予以承认的船级社对结构和机电设备的要求,或应符合具有相当安全水平的、适用的主管机关国家标准。

(二)SOLAS 2010AMEND

生效时间:2012 年 1 月 1 日

适用范围:见下文修正案条款

相关条款:

CII-1/R3-10——散货船和油船目标型船舶建造标准(GBS)

1　本条适用于长度为150m及以上的油船和长度为150m及以上、货物处所为单甲板、建有顶边舱和底边舱的散货船,但不包括矿砂船和兼用船:

.1　2016年7月1日或之后签订建造合同的;

.2　如果没有建造合同,于2017年7月1日或以后铺放龙骨或处于类似建造阶段的;或

.3　于2020年7月1日或以后交船的。

2　船舶的设计和建造须使其具有明确的设计寿命,如果船舶在规定的营运和环境条件下操作和维护得当,在完整和规定的破损条件下,在其整个服务寿命期间安全和环境友好。

另外,针对散货船结构,国际船级社协会(IACS)制订了散货船共同结构规范,该规范于2006年4月1日起实施,规范共计13章,包含对船长90m或以上散货船入级的结构要求。规范实施以后,IACS又分别于2007年11月发布了修改通报(RCN NO.1);于2010年4月发布了修改通报(RCN NO.2),以上修改通报均已生效。根据IACS实施计划,通过对油船和散货船的共同结构规范进行合理协调,即将发布"油船和散货船协调共同结构规范(HCSR)",并计划于2014年生效。

案例 19 货舱内底板损坏案例

一、船舶资料

船名	CSK **	呼号	V3 **
国籍	中国香港	IMO 编号	92374 **
种类	散货船	总吨	85906
建造日期	2001.1	船级社	CCS
船长(m)	288.97	型深(m)	24.00
航区	无限	主机功率(kW)	22920

二、检查概况

2008 年 7 月 9 日,检查员对该轮进行检查时发现该轮船况较差,货舱内底板显著腐蚀(图 19-1),且凹陷变形,双层底部分结构机械变形,检查员考虑到该轮计划卸货后即在该港口进厂修理,没有对船舶实施滞留,但要

图 19-1 货舱内底板损坏

求对查出的缺陷进行开航前纠正，并将有关问题通报了 RO。缺陷如下：

1. 02110 INNER BOTTOM OF CARGO HOLD NO. 6 HEAVILY CORRODED AND HOLED

公约依据：SOLAS74 1996AMEND/CII-1/R3-1

行动代码：17

三、公约依据

SOLAS74 1996AMEND/CII-1/R3-1 船舶的结构和机电设备要求

除符合本公约其他要求外，船舶的设计、建造和维护还应符合主管机关按第 XI/1 条的规定予以承认的船级社对结构和机电设备的要求，或应符合具有相当安全水平的、适用的主管机关国家标准。

IACS 散货船共同结构规范 C1/SECTION3/R2.4 腐蚀增量

2.4.1 为保证船舶营运寿命，应在结构强度计算所要求的净尺寸上增加足够的腐蚀增量。腐蚀增量应根据内部和外部结构的使用情况和对腐蚀介质接触情况确定，如水、货物或腐蚀性空气。另外，还应考虑防腐系统，如涂层、阴极保护或采用替代措施。

IACS 散货船共同结构规范 C3/SECTION5/R1.3 货舱处所防护

1.3.2 舱口围板和舱口盖的所有内、外表面和货舱（边舱壁和横舱壁）的所有内表面，不包括内底区域和部分底边舱斜板以及凳斜板，均应采用符合造厂建议的环氧树脂或其他等效材料的有效保护涂层。

C3/SECTION5/R1.4 压载舱处所防护

1.4.1 舱口围板和舱口盖的所有内、外表面，以及压载货舱的所有内表面，均应采用符合造厂建议的环氧树脂或其他等效材料的有效保护涂层。

四、缺陷纠正

对于显著腐蚀和变形的内底板修理，最终对测厚超标的内底板及内部变形构件、斜坡板及下凳板进行了永久修理。对其余显著腐蚀区域给出了明确的船级条件，要求下次进坞时永久修理。该轮进行了一个多月修理后，经验船师检验满足了公约要求。

五、案例分析

（一）公约理解

货舱内底板参与船舶强度，与案例 18 相似。公约在这方面未给出明确的技术标准，仅在1996修正案中提到了“除符合本公约其他要求外，船舶的设计、建造和维护还应符合认可组织对船舶结构和机电设备的要求”。在工作中，检查员可以使用《散货船共同结构规范（CSR）》核实船舶货舱内底板在腐蚀增量、防腐涂层等方面是否满足要求。但应注意CSR适用于船长90m及以上的2006年4月1日及以后签订建造合同的船级社入级散货船。

（二）案例点评

本案例中检查员关注到了货舱内底板，这属于一般检查覆盖不到的部位。但货舱内底板参与船舶总纵强度，与甲板一样属于重要部位，如发生损坏将会导致不适航。验船师也参与了检查缺陷的认定及损坏部位的修理验证，这些做法都值得其他海事机构借鉴。

六、工作建议

（一）对海事工作的建议

1. 实施PSC检查时，因船舶正在进行装卸货物，一般很少有机会对货舱内底板进行检查，但如发现船舶存在货舱舱壁、内底板等部位严重锈蚀的情况，则可对照公约要求对相应部位进行重点检查，必要时可以要求验船师开展测厚。

2. 对货舱区域进行检查时，应先了解货舱是否需要兼做压载舱，一般舱口围板和舱口盖的所有内、外表面和货舱（边舱壁和横舱壁）的所有内表面均有防腐涂层技术要求，如需要兼做压载舱则货舱内底板也有防腐涂层的要求。

3. 需要注意的是，只有按IACS共同规范建造的船舶，才适用共同规范的要求，并且IACS共同规范的规定可以作为验船师开展检验的依据，可否作为PSC检查的公约依据还应进行探讨。

（二）对船方管理的建议

船舶营运期间，货舱内底板难免发生腐蚀、损坏，其原因不外乎两种：一种是先天性原因，主要是涂层质量不良；另一种是后天性原因，主要包括应力集中、震动、摩擦、撞击等机械破坏，以及水、腐蚀性物质（多来自货物）等的化学腐蚀。在日常营运中，船上应在以下方面予以关注：

1. 新建或修理船舶时，监督防腐系统涂装质量，确保满足相关性能标准。

2. 各货舱合理装载货物,避免应力集中。

3. 根据航行区域,合理做好货舱通风,避免货舱出汗现象的产生。

七、公约相关条款梳理

同案例18。

案例20　双舷侧内部结构检查案例

一、船舶资料

船名	HE **	呼号	VR **
国籍	中国香港	IMO 编号	842 **
种类	散货船	总吨	137476
建造日期	1986.5/2004.6(改建)	船级社	CCS
船长(m)	219.00	型深(m)	29.30
航区	无限	主机功率(kW)	16632

二、检查概况

2008 年,检查员对"HE ** "轮实施 PSC 检查,该轮是一艘由单壳油轮改建而成的散货船,为了解该轮重大改建后的结构状况,检查员对该轮的货舱区域结构进行了详细的检查,对 3 号货舱及 3 号货舱边舱进行检查时,发现 3 号边舱的后舱壁水平桁材在梯子井孔边缘的后部靠外侧角隅处开裂、3 号边舱舱壁水平桁材开孔角隅存在裂缝、外板纵骨与 3 号边舱前舱壁联结肘板趾端处断裂等问题(图 20-1),缺陷描述如下:

1. 02110 CORNER AT THE EDGE OF OPENING FOR LADDER ON AFT BULKHEAD HORIZONTAL GIRDER IN NO. 3 SIDE TANK CRACKED

公约依据:SOLAS74 1996AMEND/CII-1/R3-1

行动代码:99(进坞修理)/70

2. 02110 OPENING CORNER OF BULKHEAD HORIZONTAL GRIDER IN NO. 3 CARGO HOLD EXIST CRACKS

公约依据:SOLAS74 1996AMEND/CII-1/R3-1

行动代码:99(进坞修理)/70

3. 02110 TOE OF BRACKET CONNECTING FOR SHELL PLATING LONGITUDINAL WITH FORE BULKHEAD IN NO. 3 SIDE TANK FRACTURE

公约依据:SOLAS74/1996AMEND/CII-1/R3-1

行动代码:99(进坞修理)/70

图 20-1　双舷侧结构内裂纹示意图

三、公约依据

SOLAS74 1996AMEND/CII-1/R3-1——船舶的结构和机电设备要求

除符合本公约其他要求外,船舶的设计、建造和维护还应符合主管机关按第 XI/1 条的规定予以承认的船级社对结构和机电设备的要求,或应符合具有相当安全水平的、适用的主管机关国家标准。

四、缺陷纠正

所有开裂均与应力有关,要求船舶将开裂的开口角隅板挖补换新,并适当加厚;对于因剪切应力导致角焊缝开裂的位置,除挖补修理外,还对过梁孔做补板加强,增加局部刚度和抗剪切能力。在修理后要求验船师到船进行检验。

五、案例分析

(一)公约理解

SOLAS 公约并未对船舶结构强度进行详细要求,在 1996 修正案中,公约第 II-2 章增加第 3-1 条,要求船舶设计和建造要符合船级社和主管机关的要求,所以船舶强度要满足船级社验船规范对船舶强度的要求,本案例的船舶构件开裂不能满足船舶结构强度要求。

(二)案例点评

检查中发现开裂的构件均为原船构件,改装的新构件未见开裂。可能原因之一是原有构件经过多年使用后已接近疲劳极限;更重要的原因为,改装后的船舶结构形式和装载状况发生了本质的变化,从而导致了结构应力水平和分布都发生了根本变化,并且由于船舶在改装前已经航行了很多年，原船结构由于腐蚀减薄而使其在结构受力过程中处于相对劣势的地位，造成构件开裂。

六、工作建议

（一）对海事工作的建议

1. 双舷侧结构散货船强力构件均在双舷侧结构内部，一般不容易发现，安检员要结合船舶安全技术状况，必要时可进入双舷侧结构内部进行检查。

2. 对于改装船舶的检查，应当重点注意原船舶强力构件的检查，尤其是改装后受力状态发生变化的部位。

3. 对于严重腐蚀减薄的部位和开裂的构件，应要求船舶立即进行修理，并且要求验船师到船进行检验。

（二）对船方管理的建议

1. 公司应在船舶进坞修理期间，派员协助验船师对船舶情况进行详细检查，并且记录被腐蚀但未进行更换的构件，对此种构件在以后的营运中应予以特别注意。

2. 对船龄较长的船舶建议船员要对压载舱内部结构进行定期进行检查，发现结构损坏要立即向公司报告，及时修理。

七、公约相关条款梳理

同案例 18。

案例21　顶边舱检查案例

一、船舶资料

船名	TA **	呼号	3T **
国籍	巴拿马	IMO 编号	919 **
种类	散货船	总吨	38888
建造日期	1999.8	船级社	CCS
船长(m)	224.97	型深(m)	19.30
航区	无限	主机功率(kW)	8826

二、检查概况

2011 年 11 月,检查员对巴拿马籍散货船“TA ** ”轮进行了港口国监督检查。该轮船龄较长,安检员首先实施初步检查,后开展详细检查。检查时船舶刚刚开始装货,遂安检员对船舶货舱区域进行了详细检查,并通过望远镜对可能存在的损坏进行了详细观察,发现该轮第五货舱右顶边柜锈洞轻微渗漏(图 21-1)。缺陷描述如下:

图 21-1　顶边柜锈洞并有压载水流出痕迹

1.02107 NO.5 CARGOHOLD TOPSIDE TANK SLOPING PLATING CORRODED AND HOLED

公约依据：SOLAS74 1981AMEND/CII/R14

行动代码：99（下一港修理并进行检验）/70

三、公约依据

SOLAS74 1981AMEND/CII/R14——客船和货船的水密舱壁等的构造与初次试验

1.无论横向或纵向的每一水密分舱舱壁，其构造应能有适当的抗强裕度来承受船舶在破损时可能遭受的最大水头压力，但至少须能承受到限界线的水头压力。这些舱壁的构造应经主管机关同意。

2.1 舱壁上的阶层及凹折均应水密，并与其所在处所的舱壁具有同等强度。

2.2 如肋骨或横梁穿过水密甲板或舱壁时，此甲板或舱壁应在不用木材或水泥的情况下做成结构上的水密。

3.对各主要舱室并不强制进行灌水试验。但如不进行该项灌水试验，则必须进行冲水试验，此试验应在船舶的舾装工作进行到最后阶段进行。在任何情况下，都应对水密舱壁进行全面的检查。

四、缺陷纠正

该轮船体外部检验日期临近，已经做好进坞修理和检验计划，检查时通过望远镜细致观察，未发现明显锈洞或裂纹，凭水滴判断该处存在漏点。考虑到船舶卸货进坞对船舶营运影响较大，且船舶在重载航行时顶边舱是空舱状态，不会有水渗漏到货舱内，后通过与验船师沟通，要求该轮在航行中采取保持该损坏顶边舱始终空舱且保持该顶边舱舱口盖永久保持水密等措施，验船师签发单航次的条件证书后，同意船舶在进坞修理时进行全面修复。

五、案例分析

（一）公约理解

分隔压载舱和货舱之间的舱壁，是船舶水密分舱舱壁之一。船上无论横向或纵向的每一水密分舱舱壁，按照公约，其构造应能有适当的抗强裕度来承受船舶在破损时可能遭受的最大水头压力，但至少须能承受到限界线的水头压力。船舶压载水能够在自身重力作用下从舱壁上渗出，表明该舱壁已经明显不符合公约要求。

（二）案例点评

散货船压载舱锈洞漏水会对船舶安全造成严重威胁，应当予以高度重视。一是压载舱锈洞漏水会造成货物进水，严重时会影响船舶稳性。二是船舶在计算分舱指数和抗沉性时都假定船舶结构为水密，一旦压载舱与货舱之间不能保证水密，船舶抗沉性会受到严重影响。三是如果压载舱锈蚀穿孔，间接证明，压载舱内部结构锈蚀较为严重，船舶强度可能已经受到影响（除非穿孔是由于外力破坏造成），要对货舱和压载舱的结构进行详细检查和检验。

六、工作建议

（一）对海事工作的建议

1. 可以通过望远镜进行观察舱壁上是否有渗漏痕迹来判断压载舱是否有渗漏现象。

2. 检查中还应检查海水压载舱防腐系统的技术档案。

3. 虽然下舱检查存在安全风险高、耗时长等不利因素，但是当对压载舱状况存在怀疑时，应当下舱检查。

（二）对船方管理的建议

1. 船员应当要经常关注各舱舱壁的状况，查看有无渗漏等情况。

2. 大副和水头要注意压载舱水位变化，如果存在无故增多或减少等情况，要引起高度注意，分析原因，必要时进舱进行检查。

3. 船上还应存有海水压载舱防腐系统的“选择、应用和维护方法”经主管机关批准证明文件。

七、公约相关条款梳理

同案例16。

案例 22　货舱舱口盖锈穿案例

一、船舶资料

船名	HO ＊＊	呼号	3F ＊＊
国籍	巴拿马	IMO 编号	792 ＊＊
种类	散货船	总吨	15357
建造日期	1980.7	船级社	PANAMA SHIPPING REGISTRAR INC
船长(m)	178.30	型深(m)	13.80
航区	无限	主机功率(kW)	2797

二、检查概况

2012 年 10 月,检查员对巴拿马籍散货船"HO ＊＊"轮进行了港口国监督检查。由于该轮船龄很长,从船舶整体状况来看可能存在平时维护保养不善情况,检查员首先实施初步检查,在主甲板时发现诸多缺陷,随即告知船长并开展详细检查。经查,"HO ＊＊"轮被发现存在所有货舱舱盖严重锈穿、开裂(图 22-1),舱盖紧固件一半缺失,一半不起作用,导致所有货舱舱盖严重达不到风雨密要求等 13 项缺陷而被依法滞留。检查员还根据专业判断,结合相关检验日期和证书签发日期,认为缺陷与船级社检验质量有关,随即及时按规定将 PSC 检查结果通知了该轮船旗国政府和相关船级社,并要求船级社派验船师登轮检验。其中滞留缺陷描述如下：

1. 03105 NO. 1 TO NO. 5 CARGO HOLD HATCH COVERS CANNOT KEEP WEATHERTIGHT

公约依据:LL66/ANI/R16

行动代码:30/70

图 22-1 货舱舱盖板锈蚀严重穿孔

三、公约依据

LL66/ANI/R16——设有衬垫与夹扣装置的风雨密钢质舱盖或其他相当材料舱盖所封闭的舱口

风雨密舱口盖

(2)如果风雨密舱口盖是软钢的,其强度对"位置1"的舱口,应按假定负荷不小于17.16kPa来计算,对"位置2"的舱口,应不小于12.75kPa,并且按此计算所得的最大应力和系数4.25的乘积,应不超过材料的极限强度的最低值。舱盖的设计应使在假定负荷下其挠度限制在不大于跨距的0.0028倍。作为舱盖顶面的软钢板,其厚度不应小于加强筋间距的1%或6mm,取其大者。对长度不大于100m的船舶,可按第15条(5)规定。

(3)用软钢以外的其他材料制成的舱盖,其强度和刚度应相当于软钢制成者,并经认可。

保证风雨密的装置

(4)保证和维持风雨密的装置,应得到认可。这种装置应能保证在任何海况下保持风雨密,为此在初次检验时,应要求作风雨密试验,而在定期检验和年度检验时或在较短的间隔期内,也可要求试验。

四、各方观点

(一)船方观点

1. 该船船龄较老,船况较差,承认管理存在不足,船舶维护保养不到位。

2. 公司资金紧缺,修理昂贵,计划拆船,不打算本港完全纠正缺陷。

3. 采取临时安全措施,确保航行过程安全,使船舶按计划开航到下一港卸货。

(二)船级社观点

1. 承认缺陷属实,并且与其检验有关。

2. 登轮进行附加检验,向船方提出整改的临时措施,并征求海事同意,确保货舱风雨密。

3. 签发单航次条件证书,收回原长期证书。

(三)检查员观点

1. 滞留缺陷在舱盖,属于换证检验必检项目之一,最近一次检验时间较近,判定与船级社检验有关。

2. 充分考虑船东的实际困难、计划拆船和船级社签发单航次条件证书等实际情况。

3. 船方根据船级社要求采取临时措施确保安全,检查员认为能确保船舶货舱的风雨密,解除滞留放行,并通知下一港海事主管机关。

五、缺陷纠正

由于该轮货舱舱盖已无修复价值,整体更换代价太大,船东决定该航次到孟加拉卸完货后开到印度拆船,并已联系好买家,且签订了拆船买卖合同。为保障到拆船港口的航行安全,检查员要求船级社收回了原有的长期法定检验证书,进行了附加检验,重新签发了短期货船构造、载重线和设备安全等条件证书,船方购买了帆布,在货舱舱口围上按要求加装了帆布系固装置,采取了临时纠正措施,确保了船舶货舱能达到风雨密要求。在其他缺陷得到纠正的前提下,检查员于 2012 年 10 月 19 日登轮进行了复查,在船舶安全基本得到保障后,解除了对该轮的滞留,同意其开航至商定的拆船港口。

六、案例分析

(一)公约理解

船舶货舱舱盖是船舶的重要结构,对保障船舶航行安全有着至关重要的作用,货舱舱盖不仅要能够保证船舶货舱风雨密,还应该有足够的强度,抗击甲板上浪等冲击。

(二)案例点评

散货船检查中,应重点检查船舶结构和载重线方面是否达到公约要求，特别是船体强度和风雨密要求要严格把关，这是确保船舶航行安全的基本条件；散货船具有舱口大的特点，舱口盖的状况决定了散货船安全。部分船舶由于舱口盖变形，密封橡胶脱落等原因造成舱口盖关闭不严等问题，检查中要特别注意。本案例中舱口盖锈蚀严重大面积减薄锈穿的情况虽然比较少见，但上述问题不仅不能保证货舱密性，在恶劣海况下舱口盖甚至有失稳坍塌的可能，遇到此类缺陷必须予以滞留，采取纠正措施。

七、工作建议

(一)对海事工作的建议

1. 在缺陷纠正过程中，应当考虑船级社建议和船舶实际情况，但是不能因为船级社解释而降低对船舶要求。具体到本案例，船舶已无修复价值，并且确定下一港拆解，可以允许其采取临时性修理或采取临时性措施，但是也要查看能否达到公约、修正案和强制性规则规定的要求，不能以为认可组织通过的，就一定能达到公约要求，检查员要充分运用好公约赋予的监督权；对有争议的缺陷，要理性对待，坚持实事求是的原则，防止船舶不当滞留和船期不当延误的情况出现。

2. 对严重缺陷，应考虑是否存在验船质量问题。认定验船质量问题时，应从缺陷性质，存在时间，船舶完成检验时间等多方面综合考虑，同时还要参考 PSC 手册中《认可组织责任认定指南》的原则。对于有疑问的，特别是判断与认可组织有关的，应与认可组织进行沟通，要求其派验船师登轮进行检验。

(二)对船方管理的建议

1. 船公司要依照《散货船舱口盖的船东检查和维护标准》[MSC. 169(79)号决议]要求，编制舱口盖维修保养计划，并且列为船舶安全管理体系的一部分。

2. 船东和船舶经营人还应保留一份维修保养计划和关于维修保养及零部件更换的记录，以方便维修保养计划的制订和主管机关的法定检验。

3. 船舶应建立航行中常规检查和打开舱口盖时对舱盖进行检查的制度。船员应在预期会有恶劣气候时和在恶劣气候之后，对关闭的舱口盖和紧固装置进行外部检查。特别要注意船艏 25% 船舶长度范围内的舱口盖状态，这部分区域通常是海浪负荷最大的部位。

4. 船员还应该对舱盖和舱口围进行定期维护保养，保护舱口盖和舱口围板和扶强材的外露表面,以保持结构的整体强度。

八、公约相关条款梳理

(一) LL66/ANI/R16

生效日期:1968 年 07 月 21 日

适用范围:24m 及以上船舶

相关条款:

ANI/C2/R16——设有衬垫与夹扣装置的风雨密钢质舱盖或其他相当材料舱盖所封闭的舱口

舱口围板

(1)在"位置 1"和"位置 2",设有衬垫和夹扣装置的风雨密钢质舱盖或其他相当材料舱盖的舱口围板,在甲板以上的高度应符合第 15 条(1)规定。如认为在任何风浪条件下,并不影响船舶安全,则此围板高度可以减少或完全取消。如设有舱口围板,则围板的结构应坚固。

风雨密舱口盖

(2)如果风雨密舱口盖是软钢的,其强度对"位置 1"的舱口,应按假定负荷不小于 17.16kPa 来计算,对"位置 2"的舱口,应不小于 12.75kPa,并且按此计算所得的最大应力和系数 4.25 的乘积,应不超过材料的极限强度的最低值。舱盖的设计应使在假定负荷下其挠度限制在不大于跨距 0.0028 倍。作为舱盖顶面的软钢板,其厚度不应小于加强筋间距的 1% 或 6mm,取其大者。对长度不大于 100m 的船舶,可按第 15 条(5)规定。

(3)用软钢以外的其他材料制成的舱盖,其强度和刚度应相当于软钢制成者,并经认可。

保证风雨密的装置

(4)保证和维持风雨密的装置,应得到认可。这种装置应能保证在任何海况下保持风雨密,为此在初次检验时,应要求作风雨密试验,而在定期检验和年度检验时或在较短的间隔期内,也可要求试验。

(二) LL66 2003AMEND

生效日期:2005 年 01 月 01 日

适用范围:24m 及以上船舶

相关条款:

ANI/C2/R16——风雨密钢质舱盖或其他相当材料舱盖所封闭的舱口

舱口围板

(1)在位置1和位置2的所有舱口,应设有钢质或其他相当材料的舱口盖。除第14(2)条的规定以外,这些舱口盖应为风雨密,并应设有衬垫和夹扣装置。紧固及保持风雨密[16(6)一致]的措施应经主管机关认可(与前文一致)。其布置应确保能在任何海况下保持密性,为此应要求在初次检验时进行密性试验,并可要求在换证检验和年度检验时或按更短的间隔期进行密性试验。

舱口盖最小设计负荷

(2)对于船长为100m及以上的船舶

(a)位于艏部四分之一船长范围内的位置1舱口盖,应按艏垂线处波浪负荷设计,此波浪负荷用以下公式计算:

$$负荷=5.0+(L_H-100)a \quad (t/m^2)$$

式中:L_H——L,用于船长不大于340m,但不小于100m的船舶;对于船长大于340m的船舶,取340m;

L——船长(m),按第3条的定义;

a——见表16.1。

表16.1

	a
B型干舷船	0.0074
按27(9)或(10)核定的减少干舷船	0.0363

如表16.2所示线性减至艏部四分之一船长端部处的(与下文一致)取3.5t/m²。用于每个舱口盖板格的设计负荷应按其中点位置确定。

(b)所有其他位置1舱口盖的设计负荷应取为3.5t/m²。

(c)位置2舱口盖的设计负荷应取为2.6t/m²。

(d)如位置1舱口设置在高于干舷甲板至少一个标准上层建筑高度的。

位置上,其设计负荷可取为3.5t/m²。

(3)对于船长24m的船舶

(a)位于艏部四分之一船长范围内的位置1舱口盖,其设计所取波浪负荷应为艏垂线处2.43t/m²线性减至艏部四分之一船长端部处的2.0t/m²,见表16.2。每个舱口盖板格的设计负荷应按(与上文一致)其中点位置确定。

(b)所有其他的位置1舱口盖的设计负荷应取为2.0t/m²。

(c)位置 2 舱口盖的设计负荷应取为 1.5t/m²。

(d)如果位置 1 舱口设置在干舷甲板以上至少一个标准上层建筑高度的位置上,其设计负荷可取为 2.0t/m²。

(4)对于船长为 24m 和 100m 之间的船舶,以及对于艏垂线和 0.25L 之间的位置,波浪负荷的数值应用线性内插法求得,见表 16.2。

表 16.2

	纵向位置		
	艏垂线	0.25L	0.25L 后
$L>100$m			
干舷甲板	16(2)(a)的公式	3.5t/m²	3.5t/m²
上层建筑甲板	3.5t/m²		2.6t/m²
$L=100$m			
干舷甲板	5.0t/m²	3.5t/m²	3.5t/m²
上层建筑甲板	3.5t/m²		2.6t/m²
$L=24$m			
干舷甲板	2.43t/m²	2.0t/m²	2.0t/m²
上层建筑甲板	2.0t/m²		1.5t/m²

(5)所有的舱口盖均应设计为:

(a)按照上述负荷确定的最大应力与系数 1.25 的乘积不超过材料的拉伸极限屈服强度的最低值和压缩临界屈曲强度;

(b)挠度限制为不大于跨距的 0.0056 倍;

(c)舱盖顶的钢板厚度应不小于加强筋间距的 1% 或 6mm,取其大[与 14-1(6)一致];

(d)计入适当的腐蚀余量。

紧固装置

(6)如采用不同于衬垫和夹扣的其他紧固及保持风雨密的措施,则应经主管机关认可。

(7)应采取措施使放置在围板上的舱口盖在其关闭位置上能承受任何海况下水平方向载荷的作用。

(三)RO 责任认定指南(摘自 PSC 手册)

当船舶存在严重的结构缺陷,导致船舶适航性受到严重影响时,应考虑缺陷的存在是否与 RO(认可组织)未适当履行职责有关。当船舶出现下

列缺陷时,可以初步判定与 RO 有关:

(1)严重的结构缺陷,包括锈蚀,腐蚀,损耗,破裂和变形,除非明确这些缺陷发生在 RO 进行完上次检验之后;或

(2)设备和非结构设备中的严重缺陷(例如:消防总管,货舱舱盖,栏杆,桅杆等)且自上次 RO 进行检验后不超过三个月;

(3)明显表明在上次检验时就存在的,设备和非结构设备中的严重缺陷;

(4)关于设备过期的缺陷,且在上次检验时就已经过期;

(5)为符合法定证书签发而要求的批准和认可的计划或手册缺失,且明显在上次检验时就存在。

下列缺陷不应当认定 RO 有责任:

(1)事故性损坏或航行中损坏;

(2)由于被偷引起的设备缺失,除非数量很大,并且 PSC 检查是在自 RO 上次检验后三个月内进行的;

(3)过期证书,除非证书是被一个代表船旗国执行检验后签署的不正确的证书。

案例 23　货舱舱口盖锁紧装置案例

一、船舶资料

船名	HA ＊＊	呼号	JB ＊＊
国籍	日本	IMO 编号	914 ＊＊
种类	散货船	总吨	58103
建造日期	1997.10	船级社	NK
船长(m)	240.16	型深(m)	20.50
航区	无限	主机功率(kw)	11673

二、检查概况

2013 年 3 月，检查员对日本籍散货船“HA ＊＊”轮进行了港口国监督检查。该轮船龄较长，并且近两年未在亚太地区实施过港口国监督检查，检查员首先实施初步检查，后开展详细检查。由于该轮为散货船遂着重对该轮甲板区域进行检查，发现该轮多个舱盖锁紧装置锁紧后缝隙较大（图 23-1），不能起到紧固作用，对该轮实施滞留。其中滞留缺陷描述如下：

图 23-1　货舱舱盖锁紧装置缝隙过大

1. 03105 SIDE AND END CLEATS, FOR CARGO HOLD HATCHCOVERS, HAVE EXCESSIVE CLEARANCE BETWEEN WEDGE PIECE AND HANGER PIECE(NUMEROUS LOCATIONS)

公约依据:LL66/ANI/C2/R16

行动代码:30

三、公约依据

LL66/ANI/CH2/R16——设有衬垫与夹扣装置的风雨密钢质舱盖或其他相当材料舱盖所封闭的舱口

保证风雨密的装置

(4)保证和维持风雨密的装置,应得到认可。这种装置应能保证在任何海况下保持风雨密,为此在初次检验时,应要求作风雨密试验,而在定期检验和年度检验时或在较短的间隔期内,也可要求试验。

四、缺陷纠正

由于该轮建造时间较早,舱盖锁紧装置采用焊接方法永久固定在舱盖上,无法进行调节,采取在锁紧装置楔形斜面上焊接钢板,达到斜面咬合的目的。

五、案例分析

(一)公约理解

保证和维持风雨密的装置,包含多种结构,其中最重要的为密封胶条和舱口盖锁紧装置,锁紧装置要经过认可组织的检验,在初次检验时要做风雨密试验。

(二)案例点评

散货船的PSC检查中,时常会发现船舶存在影响风雨密甚至水密结构方面的缺陷,这些缺陷有的看似很小,但在海洋这一大环境下,大船往往也只如一叶扁舟,一些小缺陷也许会导致大问题。结合本案例,由于舱口盖的自重大,只要舱口密封胶条状况良好,仅靠自身重力舱口盖即可压紧实现风雨密,但是,考虑到船舶营运中常常会遇到恶劣海况,船舶剧烈摇晃,如果舱盖紧固装置失效或松动,很有可能造成舱盖位移,造成事故。检查中要特别重视。

六、工作建议

(一)对海事工作的建议

在日常 PSC 检查中,船舶通常是处于装货状态或是是卸货状态,检查中舱盖都是开启着,给舱盖紧固装置的检查带来困难。可从以下方面初步核查紧固装置是否起作用。

1. 首先查看舱口盖紧固装置是否齐全,有无损坏和丢失。

2. 一般经常使用的舱盖紧固装置,会在实用过程中留下摩擦的痕迹,如果发现锁紧装置锈蚀或磨损严重,没有使用痕迹,就有理由怀疑该紧固装置不起作用。

3. 对于存有疑问的可要求船员把舱盖关闭,进行现场核实。

(二)对船方管理的建议

1. 在锁紧舱盖的过程中,要注意锁紧装置变形情况,出现缝隙或松动,要及时调整修理。

2. 建立检查制度,定期对舱盖锁紧情况进行检查。

3. 船舶在预期遭受恶劣海况之前,和遭受恶劣海况之后,应对舱口盖的锁紧情况进行检查。

七、公约相关条款梳理

同案例 22。

附录1

东京备忘录典型案例

Case 1

A vessel was inspected four month ago, during which quite a number of deficiencies and ISM non-conformities were recorded. During a latest inspection, the PSCOs found major deficiencies on the vessel (i. e. the cargo hatch cover unable to ensure weather tightness and many holes by corrosion were found on the cargo hatch coaming plate). Under the circumstance, the PSCOs concluded that these major deficiencies showed that the ship's maintenance procedure prescribed by the Safety Management System of the vessel was not being maintained properly and detained the vessel.

Questions:

1 Do you agree with thePSCOs' views and why?

2 How should the PSCOs deal with when the vessel is released?

3 In the above case, which action codes should be used in the PSC report?

4 When the captain demanded the confirmation of the rectification of the non- conformities which were pointed out at the last PSC inspection, how should the PSCOs confirm it?

Summary:

1.1 Judging from the situation, the PSCOs views would be right. However, the PSCOs should not automatically conclude that the Safety Management System had failed. Detainable deficiencies and multiple non-detainable deficiencies may indicate a failure of the Safety Management System, the PSCOs should examine the relevant areas of the system to identity non-conformities.

2.1 A major non-conformity found in the SMS should be rectified before sailing in accordance with A. 787(19) 3.7.6.., and it may be downgraded to a non-conformity if the Administration or recognized organization is satisfied that effective corrective action is being taken in accordance with MSC/Circ. 1059 MEPC/Circ. 401. In other words, a major non-conformity found on a vessel should be downgraded before the ship sails. Where Administration or RO allows a major non- conformity to be downgraded, at least one additional audit should be carried out within the period indicated in the agreed corrective action plan to verify that effective actions are taken. A schedule not exceeding three months should be agreed for completion of the necessary corrective action.

2.2 Prior to detention being lifted, a PSCO should ask corrective action plan which showed the Administration or the RO downgraded a major non-conformity to a non-conformity. The PSCO should also ask objective evidence which effective actions are taken. The Company should report to the PSCO which correction action will be taken in accordance with the corrective action plan.

2.3 For downgrading the major non-conformity into non-conformity, the ship should rectify all the technical deficiencies and then proposes an acceptable corrective action for its maintenance system.

3.1 For major non-conformity, action code 30 should be used. After a major non-conformity was downgraded to a non-conformity, action code 18 should be added. After the verification through the follow-up inspection, if the corrective action was successful by examining objective evidence, action code 10 should be added.

3.2 Where applicable and appropriate, RO should be informed and inspection action code 70 should also be used.

4.1 A PSCO should examine if the non-conformities had been rectified in accordance with the non-conformity procedure of the vessel after the last PSC inspection.

4.2 During follow-up inspection, a PSCO should verify if the corrective action was successful by examining objective evidence, such as records of maintenance, records of additional verification by the RO. If no such evidence exists the PSCO may consider raising a major non- conformity again.

Case 2

A heavy load carrier was undergoing repair in a port for several months.

PSC officers boarded this vessel to carry out an inspection. During the inspection, a number of deficiencies were recorded. Before leaving the vessel, the master was provided with a photo copy of the report, which shows that all deficiencies should be rectified before departure (code 17); that the detention check box in Form A was not ticked and that a remark——"The ship is under repair in the port." was made by the PSC officers. Three days later, the vessel was notified via agent that she was detained for the following grounds:

1　The name of company DOC is different with the SMC.

2　The chief officer, second officer, third officer and fourth engineer not hold the endorsement of flag State.

3　Main engine damaged cannot properly working for four months.

Disputes:

The flag State did not agree with the detention and expressed the following views:

1　Since the inspection was conducted at the time where the vessel was under repair and this situation had been recognized by the PSC officers, no detention should be warranted;

2　The PSC officers did not advise the master of the detention of the vessel when onboard and the photo copy of the report was different with one received three days later;

3　Regarding the DOC, the owner of the vessel was changed just before the inspection and updating of the ISM system was underway at the time of inspection, therefore it would be extremely difficult for the vessel to fully comply with the ISM requirements;

4　Due to change of owner, new crew was sent on board in short notice. Though the endorsements were not available on board at the time of inspection, but the owner applied and obtained the flag State endorsement already; and

5　The vessel had problem with the main engine four months ago. The vessel entered into and stayed in the port in order to carry out repairs. Before completion of the repair, it would not be appropriate to treat it as a detainable deficiency.

The PSC officers expressed views that:

1　The photo copy of the inspection given to the master was only provisional result of inspection and the official report with stamp was completed after returning back to the office;

2 The deficiencies were correctly recorded; and

3 There was no report or notification received before the inspection from the master, owner or the flag State regarding damage or failure of the main engine.

Question:

What is your opinion about this case?

Note: This is an actual case submitted to the Detention Review Panel. The head office of the port State Authority made review of the case and withdrew the detention prior to the consideration by the Detention Review Panel.

Summary:

In principle, PSC officer should inform the master of the results of inspection appropriately and complete the inspection report on board. Inspection reports given to the master, kept by PSC officer and transmitted to the APCIS should be consistent and identical. In this case, the PSC inspection reporting procedures were not properly followed by the PSC officer.

The PSC officer recognized the situation that the ship was under repair in the port and made a remark about it in the report. The PSC officer should consider the appropriateness for selecting a vessel which is under repair for inspection and for recording the item/equipment which is under repair (i. e. the main engine in this case) as the detainable deficiency. As for the deficiency of flag State endorsement, PSC officer should ask evidence from the flag State or the company.

Regarding ISM DOC, PSC officer should take the fact into account that, due to change of owner, the updating is underway and it would appropriate to leave time for the vessel to get an up-to-date DOC.

Case 3

A vessel was detained due to the detainable deficiency——" Emergency Generator not working". Dispute The flag State Administration, did not agree with the detention and expressed views that:

1 Company had reported the defect to the flag State Authority about failure of the air- starter motor for the emergency generator timely;

2 The flag State Authority had instructed the company to rectify the defect on arrival in the port and had informed the RO about the defect;

3 The ship's master had reported before arrival to the Harbour Master of the port about the defect and assured that prior departure the emergency generator would be operational;

4 Before the inspection, PSC officer was again reported about the defect on the emergency generator.

Based on the above, the flag State Authority is of the opinion that para. 2.6.7 of the PSC Procedures [A. 787(19)] has been met and therefore the detention should not be caused.

The port State Authority is of the opinion that:

1 no evidence was presented to confirm that the Master had made, or was making, any reasonable efforts to carry out what the flag State Authority required-"Please fix the air motor in the first berthing port, before sailing" - prior to the detention;

2 the master was unable to locate the required spare part nor was he able to provide any evidence that he had made any efforts to do so prior to the phone call to the Agent upon the attendance of PSCOs;

3 the master was unable, even after the phone call to the Agent, provide any news regarding the time of delivery of the spare part, and therefore when the emergency generator would be operational;

4 the master had ordered tugs, Pilot(s) and mooring gangs for noon that day and confirmed in discussions with the PSCOs that his destination upon departure was the port of another country;

5 the master had not arranged RO attendance to oversee repairs that would have to be complete to RO satisfaction prior to sailing at noon.

The above facts show that the master/vessel did not fulfill the conditions/requirements provided in paragraph 2.6.7 of A. 787(19).

Question:

What is your opinion about this case?

Note: This is an actual case reviewed by the Detention Review Panel.

Summary:

Outcome of discussions

The detention is appropriate and justified because the ship failed to rectify the serious deficiency before departure and the conditions under paragraphs 2. 6. 7. 3 and. 4 of Res. A. 787(19) as amended were not met. Since the master attempted to sail away without rectification of the deficiency, it should be detained.

Opinions of the Detention Review Panel

1 Although the flag State Authority took appropriate action in requesting the vessel to fix the emergency generator at first berthing port and the master informed the port State Authority about failure of the emergency generator in advance, the master failed to rectify this serious deficiency before departure;

2 There is no objective evidence that the master had taken necessary action to get the emergency generator repaired during period of the vessel staying in port;

3 There is no evidence that the master planned to move his vessel to anchorage for fixing the emergency generator before departure and informed the PSCO of his plan prior to the inspection/detention as he already ordered tugs and pilots before the inspection; and

4 Therefore, the conditions set out under 2. 6. 7. 3 and . 4 of A. 787(19) were not met by the vessel in this case.

If the port State Authority could contact/remind the vessel after receiving the notification from the master, such detention might be avoided.

Case 4

A bulk carrier was detained in June 2007. One of the detainable deficiencies was IAPP certificate not provided on board. This deficiency was also put to the RO responsibility. The RO complaint that no certificate should not be considered as the RO responsibility. The port State Authority provided the following explanation and information to the RO which were accepted by the RO consequently:

1 The vessel should be issued with the IAPP certificate when she completed the scheduled dry docking in July 2005 in accordance with regulations of

MARPOL Annex VI;

2　The company provided information showing that the company requested the RO to make the survey and to issue the IAPP certificate at the time of dry docking in July 2005 but the RO surveyor misunderstood the deadline for issuing IAPP certificate to the vessel would be 19 May 2008.

Question:

What do you think about this case?

Summary:

The detention is justified because the ship should carry onboard the IAPP certificate in accordance with regulations of MARPOL Annex VI.

Generally speaking, missing/non-provision of a certificate would not be the responsibility of RO.

For this case, it may be a matter for the company/owner to claim to the RO for not carrying out the survey and not issuing the certificate. Even the RO accepted the explanations by the PSC officer for this case, PSC officers should be careful for similar cases in future and follow the guidelines for assessment of the responsibility of RO appropriately when making judgement on RO responsibility.

Case 5

A 40,017 GRT bulk carrier, which was built in 2003, was inspected by PSC officer. Among other things, the following detainable deficiencies were recorded in the inspection report:

Code	Deficiencies	Reference
0715	Fire detection in galley room not provided.	S74/CII-2/R7.5.5
0715	Fire detection in the steering gear room and its stairway to aft open deck not provided.	S74/CII-2/R7.5.5
0715	Fire detection in the emergency generator room not provided.	S74/CII-2/R7.5.5
1011	Manually operated call points in the steering gear room, include the exit from the S/G room to aft open deck not installed.	S74/CII-2/R7.7

1011	Manually operated call points for galley room not provided.	S74/CII-2/R7.7
1011	Manually operated call points to the emergency generator room and exit not installed.	S74/CII-2/R7.7

Disputes:

The company supported by the RO disagreed with the above detainable deficiencies in the view of the following:

1 Fire detection

Regarding fire detection in galley room, steering gear room (audit's stairway) and emergency generator room, it is confirmed that the method of protection in accommodation area for subject vessel is method IC. In this case, the installation of fire detectors for protection of accommodation and service spaces and control stations is defined as follow.

"A fixed fire detection and fire alarm system shall be so installed and arranged as to provide smoke detection in all corridors, stairways and escape routes within accommodation spaces." (SOLAS Chap. II-2, Reg 7.5.5.1). Therefore it is understood that fire detectors are not required in galley room, steering gear room (and it's stairway) and emergency generator room under SOLAS.

2 Manually operated call points

Regarding manually operated call points in steering gear room, galley room and emergency generator room, the SOLAS Chap. II-2, Reg. 7.7 consist of three sentences. The first sentence describes that manually operated call points shall be installed throughout the accommodation spaces, service spaces and control stations. It is understood that this sentence requires generally installing the manually operated call points. Then the second sentence specifies the location in the area required in the first sentence. In addition to the previous two sentences, the third sentence requires the manually operated call points in the corridor with specific arrangement.

So, we interprets if there is the exit to weather deck from a space such as accommodation spaces, service spaces and control station is provided with manually operated call points at the exit.

Therefore we understand that manually operated call points need not be provided in those spaces (steering gear room, galley room and emergency room).

Question:

What do you think about those detainable deficiencies?

Summary:

1 Fire detection

Since the fire protection method adopted by the vessel in question is IC, the fixed fire detection and fire alarm system to provide smoke detection are only required in all corridors, stairways and escape routes within accommodation spaces in accordance with SOLAS Ch. II-2 Regulation 7.5.5.1. Therefore the detainable deficiencies regarding fire detection in galley room, steering gear room and emergency generator room are not justified.

2 Manually operated call points

The deficiency codes used for manually operated call points are not correct, i.e. 0715 or 1020 should be used instead of 1011. In accordance with SOLAS Ch. II-2 Regulation 7.7, deficiencies on manually operated call points are generally justified. However, it would be better that the flag State or RO should be consulted before detaining the vessel. Furthermore, it would be more appropriate to use action code 99 with conditions agreed with the flag State or RO instead of 30.

General observations

PSC officers should ensure all the time that convention regulations/requirements are understood and applied correctly and appropriately. It would be more appropriate that PSC officer should consult or confirm with the flag State or RO before making judgement and taking action, should there be doubts or questions concerning fire protection arrangements.

Case 6

A vessel was detained due to the detainable deficiency——"EMERGENCY FIRE PUMP CAN NOT WORK" with convention reference to SOLAS II-2/R10.2.2.3.

Disputes:

The flag State Administration did not agree with the detention by the port

State Authority and expressed views that:

1 the convention reference mentioned as the ground for detention seems to be not correct as regulation SOLAS II-2/10. 2. 2. 3 includes requirements regarding general arrangements of fire pumps which are fulfilled on board of the ship;

2 the Company could proof that the fire pumps, including emergency fire pumps, were frequently tested and inspected as required by SOLAS II-2/14. 2. 2. The records of the tests and inspections, which are carried out weekly, are available and contain no shortcomings regarding the reliability of the equipment;

3 SOLAS says in regulation II-2/10. 2. 1. 2. 2. 2 that there shall be immediate water delivery from the fire main system at a suitable pressure, either by remote starting of ne of the main fire pumps with remote starting from the navigation bridge and fire control station, if any, or permanent pressurization of the fire main system by one of the main fire pumps. The PSC report contains no deficiencies concerning the main fire pumps. Therefore, it must be assumed that the fire main system was fully operational;

4 the vessel was in full ballast condition at the time of the inspection. The emergency fire pump on board the vessel is a centrifugal pump, which needs reasonable time to build up suitable pressure if the ship is in ballast condition and the pump is positioned above the waterline. Further, there are no specifications within the SOLAS convention, which require explicitly that the emergency fire pump shall provide water with sufficient pressure immediately or within a certain time after starting the pump;

5 a detention requires specific procedures and corrective action to be taken by the ship in order to ensure that the detected hazard is removed before the ship is allowed to proceed to sea. In this case neither repairs nor modifications have been requested or carried out and finally, the ship left the port in the same condition as it arrived.

Based on the above, the flag State Authority was of the opinion that the detention was not justified, since the emergency fire pump on board the vessel was verifiably ready for use without any malfunction during the PSC.

The port State Authority was of the opinion that:

1 the PSC officer found that the emergency fire pump could not supply

any water, sufficient time had been given to the crew to fix this deficiency however, before the PSC officer left the vessel, the emergency fire pump still could not supply water;

2 in accordance with SOLAS II-2/R10.2.1.2, readily availability of water supply is required and the emergency fire pump should be able to supply water within a reasonable timeframe;

3 based on Chapter 12/2.2.1.3 of the FSS Code, the ballast condition is considered as a normal service condition; and

4 this deficiency is typical detainable deficiency according to Port State Control Procedures [IMO Res. A.787 (19), as amended], in APPENDIX 1 of which it states "Detainable deficiencies includes: Areas under the SOLAS Convention- ···Absence, non-compliance or substantial deterioration to the extent that it cannot comply with its intended use of fire detection system, fire alarms, fire-fighting equipment, fixed fire- extinguishing installation, ventilation valves, fire dampers, and quick-closing devices."

Therefore the detention was considered judicial.

Question:

What is your opinion about this case?

Note: This is an actual case reviewed by the Detention Review Panel.

Summary:

Outcome of discussions

The detention is appropriate and justified because the emergency fire pump can not supply water within a reasonable time. This should be a detainable deficiency based on guidelines for detention provided under Res. A.787(19) as amended. However, the deficiency was not addressed/recorded correctly by the PSC officer.

Opinions of the Detention Review Panel

1 Although there are no explicit criteria within SOLAS for the time taken to deliver water from the emergency fire pump following the starting of the machine, the emergency fire pump which does not supply water to the fireman within a reasonable timeframe is considered a detainable deficiency;

2 Under Chapter 12, Section 2.2.1.3 of the FSS Code the ballast condi-

tion of the vessel is considered a service condition and therefore immaterial to the required performance of the pump;

3 The prior testing and maintenance regime for the fire pump has no bearing on the detention. A PSC officer must base his reports and requirements on his findings at the time of inspection; and

4 In accordance with A. 787 (19) as amended, a vessel would be detained in the case of significant findings irrespective of the time the ship will stay in port and therefore, even in the event of a short term detainable deficiency found during an inspection, a detention remains an appropriate action.

The panel members unanimously agreed that the decision of detention for this specific case is justified. Therefore, the port State Authority does not need to reconsider its decision of the detention.

Case 7

General:

1 A bulk carrier of 40,014 GT was detained in October 2009. There were two detainable deficiencies imposed. The first one was that PSC Officers gained unchallenged access to the vessel by way of the ships gangway, which was lowered down and unattended by shipboard staff. And the second detainable deficiency was that the vessel did not have evidence of LRIT compliance in the form of a Conformance Test Report (CTR) even though the vessel's Classification Society had issued a new Cargo Ship Radio Certificate and Cargo Ship Safety Equipment Certificate in June 2009. The Safety Equipment Certificate is endorsed as "Fitted" for LRIT as required by MSC. 1/CIRC. 1307. The deficiency code issued was 0110 - "Cargo Ship Safety Equipment (including Exemption)". The relevant convention requirement was "SOLAS 74(cons)/V/19-1; MSC. 1/Circ. 1307".

Squence of the event:

2 Prior to boarding the vessel, the PSCO unsuccessfully attempted to hail the vessel on VHF radio Channel 16. After failing to reach the vessel by VHF radio, all PSCOs boarded the vessel and made their way to the Navigation Bridge from the interior ladders and exterior ladders but not challenged. Upon entering

the Navigation Bridge, the PSCO's found the 2/O on the Navigation Bridge with his head looking down at a chart on the chart table. Both VHF radios were turned into Channel 20 and Channel 67.

3 Having clear grounds on the security issue, the PSCOs conducted a detailed PSC inspection to the vessel. It was further found that no evidence of LRIT compliance in the form of a Conformance Test Report (CTR) kept on board. Consequently, the vessel was detained by the PSCOs.

4 As soon as the vessel had been detained, the shipping company urgently arranged an additional ISPS Audit from Classification Society.

5 The auditor to the Classification Society had carried out the additional ISPS audit according to appropriate Rules and found the Shipboard Security Management System was in compliance with the requirements of the ISPS Code. The approved SSP was examined according to the Classification's check List for shipboard Verification focusing on preventive measure against security incidents and on security equipment, especially access control to ship & restricted areas, communication & Monitoring, Training, Drill & Exercises.

6 Moreover, an interview was done with SSO (master) to verify his knowledge of the relevant requirements of SOLAS chapter XI-2 5/8/13.2 and ISPS Code Part A 6.2/Part B 6.1.1- 6.1.3/Part B 13.1-13.2. Interview was also carried out with shipboard personnel to verify the knowledge of the relevant requirements of ISPS Code Part A 13.3 and Part B 13.2-13.4.

7 Security records were inspected and round-check was done for security equipment condition and for radio installation watch keeping condition, security equipment condition and for security measures specially for the ship and restricted areas.

8 According to SSO's report to CSO, the PSCOs' unchallenged access to ship and restricted area was regarded as a ship's security incident and the company analyzed the cause of PSC deficiency and established countermeasures to prevent the recurrence of PSC deficiency.

9 The relevant crew were educated for the requirements from SSP by SSO.

10 The flag administration was informed accordingly for the PSC deficiencies found, summary of verification of the special audit.

11　It was also ascertained that the original LRIT conformance test report had been issued earlier date in February,2009 by the flag administration.

Question:

What do you think about this detention case?

Summary:

It is observed that the master had not implemented the shipboard security system properly and accordingly and that the ship's crew members were negligent on implementation of shipboard security system at that time because of cargo hold cleaning work. The duty officer did not carefully carry out the security duty beside of other functional duty. But, according to the majority views, it may not be sufficient to warrant detention of the vessel based on the ISPS Code just because the above observations.

The deficiency regarding LRIT conformance test report should be recorded under code 0195 rather than 0110. Though the master was unable to verify whether the LRIT conformance test report has been carried out or not, the vessel may not be detained for this as the conformance test report was located on board consequently.

Case 8

A vessel was detained due to the detainable deficiency——" RPM FOR GENERATOR OUT OF ORDER" (Reference: SOLAS Ch II-1 Reg 26). The company of the vessel made an appeal to the port State Authority against this detention with the views that:

1　On the subject vessel, the defective tachometer was already documented in ships record and a spare unit was on order with our supplier and due to be delivered on board at next port;

2　Both generator Engines were in good working order along with the speed governors and frequency meters. Generators were capable of being synchronized and put on parallel loads. Each one is independently capable of taking the required electrical load at sea during normal passage;

3　SOLAS Ch II-1 Reg 26, under which the detention has been raised, is not relevant in this case as both generators were functional and there was no reason to establish that ship's safety is compromised in any way; and

4　the defect of RPM indicator is not considered to present a danger to the ship or person on board as the detainable deficiency in accordance with the IMO Resolution A. 787(19). paragraph 1. 6. 3.

Question:

What is your opinion about this case?

Summary:

If the PSC officer has been informed and confirmed that the defective tachometer was already documented in ships record and a spare unit was on order and due to be delivered on board at next port, the vessel should not be detained for this deficiency as corrective action has been taken. Furthermore, it is considered that this deficiency would not present a direct or immediate danger to the ship or persons on board, or an unreasonable threat to the marine environment since the generator can be operated appropriately even without RPM. Therefore the detention is not justified. It would be appropriate to request the vessel to rectify the deficiency at next port.

Case 9

A vessel was detained on 17 March 2009 because of failure of it's emergency fire pump. The PSC officer assigned the responsibility to the recognized organization (RO) for this detainable deficiency based on the date of issue the safety equipment certificate – 8 March 2009. However, the RO did not agree being responsible for the following reasons:

- survey of SE (Safety Equipment) has been commenced and/or completed on 6/12/08 and one (1) outstanding item in connection with "LSA Annual through examination to be carried out by authorized company" has been remained to complete SE survey;

- it is understood that Emergency Fire Pump has been tested by attending Surveyor with satisfactory on 6/12/08;

- Subsequently remained outstanding item has been completed on 11/3/09 by the Surveyor and it is clear that this survey is only partial examination for only outstanding item to complete SE survey;

- the above procedures are the normal practice of ROs.

Question:

Do you think it is appropriate to put this deficiency the RO responsibility?

Summary:

PSC officer needs to pay attention that the date of issue of the certificate is not necessarily the date of the survey. In this regard, it is recommended that PSC officer should not only check the relevant certificates but also examine the relevant survey report, if available on board. For this case, the detainable deficiency would not be attributed to the RO responsibility as the emergency fire pump was checked more than 3 months.

As it may not always be possible that all relevant information/evidence would be available at time of inspection, PSC officer may assign RO responsibility at the first place but withdraw it later on if additional information/evidence is received.

Regarding attribution of RO responsibility, it is important to judge objectively whether the relevant equipment was tested and satisfied at the time of survey rather than just applying 90 days criterion.

Case 10

A vessel was detained on 14 January 2011 due to the following detainable deficiency:

0270 - Endorsement by flag States, COR for senior officer (Chief Officer) not available.

The actual circumstances about this detention are as follows:

During the inspection, the captain showed the official letter of confirmation of receipt of application (CRA), which is valid until 29 January 2011, issued by the flag State. Besides, the captain also presented a scanned copy of the endorsement by the flag State issued on 4 January 2011 and he explained to the PSC officer that the original certificate of endorsement would be available at a convenient port before 29 January 2011.

The PSC officer told the captain that the CRA is still valid, but when the COR was issued, then the CRA automatically become invalid and the original

COR should be on board (as per STCW/CI/R. 10).

The captain insisted that the CRA is still valid and the scanned copy of the endorsement would not be relevant. So he tore the scanned copy of the endorsement into pieces before the PSC officer. Then the PSC officer detained the vessel.

The company supported by the flag State considered the detention not justified.

Question:

What do you think about this case?

Summary:

The detention of this specific case is not justified for the following reasons:

- The official letter of confirmation of receipt of application (CRA) for the officer in question is valid at the time of inspection;

- Even the PSC officer has been advised by the master that the certificate of recognition (COR)/endorsement has been issued by the flag State, he should understand that the certificate is not issued onboard the vessel and, therefore, it may take some days for the officer to receive the real certificate. It is not appropriate to request a crew to receive the COR immediately after the issuing. If he has concern or doubt on when the real copy of COR can be available on board, he can check with the master on delivery arrangement and ask for relevant evidence;

- There is no clear reference/basis in the convention or PSC guidelines that, once the certificate of recognition is issued, the confirmation of receipt of application (CRA) become invalid automatically as explained by the PSC officer.

In this case, the PSC officer did not understand, apply and interpret the relevant requirements/regulations correctly and he failed to deal with the situation/disagreement calmly and patiently. PSC officers are reminded to remember and observe the Code of Good Practice all the time. The detention of this kind should be avoided.

Case 11

The PSC officer recorded the deficiency:

0113 - SHIP'S CERTIFICATES AND DOCUMENTS/cargo ship safety radio (including Exemption), INMARSAT SHIP EARTH STATION NOT RECORD IN FORM R. He gave the master one month for rectify this deficiency.

Based on the explanation provided by the RO below, the company asked the PSC officer to consider to removing this deficiency:

1 Items 1.1-1.4 of Form R are entered for the primary system and item 3.1 is entered for the duplication of equipment.

2 The primary system for the vessel concerned consists of VHF radio installation and MF/HF radio installation. Accordingly the item 1.4 - IMARSAT ship earth station for the primary system is entered with "---".

3 The duplicated system of the vessel consists of VHF radio installation and INMARSAT-C Ship Earth Station. Accordingly item 3.1 is entered with "Used (VHF + INMARSAT SES)".

4 The sea areas to in which the ship is operating are A1 + A2 + A3. The sample Form R is provided below.

Question:

What is your view about this deficiency?

Summary:

The deficiency is not justified because the vessel in question is operating in sea areas A1 + A2 + A3, in accordance with SOLAS/IV/R.10, which is only required to be fitted with either VHF radio installation + MF radio installation + INMARSAT SES or VHF radio installation + MF/HF radio installation as primary system, not both. Therefore, the equipment is considered correctly listed in the Form R (i.e. VHF radio installation + MF/HF radio installation as primary system and VHF radio installation + INMARSAT SES for duplication of equipment).

PSC officers should ensure as far as possible understanding and interpretation of convention requirements correctly and appropriately.

Case 12

In the engine room of a general cargo vessel with gross tonnage of 5,000, PSCOs found that a reserve of the coalescer was not a genuine part and that the sample water of the equipment had oil slick. The PSCOs proceeded to the more detailed inspection, and PSCOs found that the inside of the discharge line of the equipment was contaminated with oil sludge and that a genuine coalescer had not been used in the equipment. The PSCO detained the vessel as failure of proper operation of the oily water separator. However, the captain did not agree with that. He insisted that MARPOL did not require only a genuine coalescer of the equipment be used and that the oil sludge found was the result of the long-time use.

Question:

What is your opinion about this case?

Summary:

The detention is justified because there are enough objective evidences (e. g. sample water with oil slick, oil sludge found in the pipe line, non-genuine coalesce, etc.) by the PSC officer showing that the oil filtering equipment on board does not meet the relevant requirements and standard and the ship violates discharge regulations. Absence, serious deterioration or failure of proper operation of the oily-water filtering equipment, the oil discharge monitoring and control system or the 15ppm alarm arrangements is a doubtless detainable deficiency.

In accordance with MARPOL Annex I R. 14, oil filtering equipment should be type approved by the flagState/RO in accordance with the specifications recommended by IMO [i. e. A. 393(X) or MEPC60(33) or MEPC107(49) whichever applicable based on year of built or date of installation of equipment]. No matter what standards [A. 393(X) or MEPC. 60(33) or MEPC. 107(49)] should be applied, relevant information regarding coalescer can be found/verified from the certificate of type approval for the OWS. Therefore, the complaint by the master can not be accepted.

Case 13

General:

Ground for detention

The vessel was detained due to the following detainable deficiencies:

1 Water level indicator/WATER INGRESS DETECTION SYSTEM OUT

OF ORDER;

2 Rescue boats/RESCUE BOAT ENGINE NOT TO BE STARTED;

3 Speed and distance indicator/DOPPLER SPEED LOG WAS INOPERATIVE;

4 Oil filtering equipment/BILGE PUMP FOR OILY WATER SEPARATOR WAS INOPERATIVE.

Disputes:

The flag State did not agree with the detention by the port State Authority and expressed views that:

1 The company and crew had already taken action to correct these deficiencies before arrival in Inchon this should not have resulted in the detention of the vessel; and

2 In accordance with the relevant paragraphs of IMO Resolution A. 1052 (27) (i. e. paragraphs: 1. 3. 3, 1. 7. 4 and 2. 3. 5), the above mentioned deficiencies should not be considered detainable.

Based on the above, the flag State is of the opinion that the detention was not justified.

The port State Authority is of the opinion that:

1 The deficiencies observed are sufficiently serious to merit detention;

2 The decision of detention was made to prevent the vessel proceeding to sea with an unsafe condition;

3 The decision and procedure of detention were fully complied with the PSC Procedures (IMO Res. A. 1052) and PSC Guidelines of Tokyo MOU;

4 The PSCO had not been advised any information on the ship's deficiencies prior to commencing his inspection. The VTS center of the port also had not been advised any information on the ship's deficiencies prior to entering the port; and

5 The Master and his crew became apparent only when they were asked for these particular items to be tested whilst carrying out the inspection. As usual, the Master and his crew were trying to hide deficiencies to PSCO. After the PSCO pointed out deficiencies, they acknowledged the deficiencies and explained to PSCO about their intention for corrective actions.

Therefore the detention was considered justified.

Opinions of the panel

The panel members reviewed the relevant information and materials received. As the result of evaluation, panel members reached general opinions as follows:

1 Both the company and the flag State did not oppose the existence of those detainable deficiencies;

2 There was no objective evidence showing that the master & crew notified the PSC officer of the deficiencies and the remedial actions being taken prior to the start of the inspection;

3 It seems that the master and his crew became apparent only when those items pointed out by the PSC officer;

4 Information/statement provided by the company was not relevant because it was provided obviously after the inspection but the PSC officer would make his judgment based on information available at the time of inspection only; and

5 The dispensation by the flag State was also after the inspection.

Conclusion:

The panel members unanimously agreed that the decision of detention as whole is justified. However, the port State Authority may be suggested to consider the following:

1 to downgrade the action code from 30 to 17 for the deficiency of rescue boat as the corrective action had been taken before the inspection, although the information was actually provided after the inspection; and

2 to change the action code from 30 to 99 for the deficiency of Doppler speed log in- operable, taking the exemption issued by the flag State into account.

Case14

A bulk carrier, built in 2002 and with gross tonnage of 29,145, was inspected. The ship was detained because master of the ship can not produce the Technical Files for auxiliary engines for generator before completion of the inspection. Next day, the missing Technical Files were found on board and the ship was released. The flag State made an appeal against the detention with view of the following:

- Since the deadline for full compliance with MARPOL Annex VI, including certification requirements for EIAPP and Technical File, is 19 May 2008 (4 June 2007 for the vessel), it would not be mandatory to request the vessel to carry Technical Files at the moment of inspection;

- The inability of the Master to locate and produce the Technical File for the generator engine was just a matter of minor human error, not evidence that the engine was not in compliance with MARPOL Annex VI requirements The port State was of the opinion that, in accordance with Regulation 13 of MARPOL Annex VI, control of NOx emission from ships applied to each engine with a power output of more than 130 KW, which is installed on a ship constructed on or after 1 January 2000, from the date of the entry into force of MARPOL Annex VI (19 May 2005). Therefore, no matter the vessel held the IAPP certificate or not, the Technical File must be available on board as required by the NOx Technical Code.

What is your opinion about this case?

Note: This is an actual case reviewed by the Detention Review Panel.

Summary:

Outcome of discussions:

It would be better that the PSC officer did not detain the ship on the first day but requested the master to find out the technical files before departure (action code 17). If the technical files could not be found before departure, then the ship should be detained. The other possible way is that the PSC officer might detain the ship during the first visit and he could consider to downgrade the action code from 30 to 17 (cancel action of the detention) upon confirmation of the technical files on board next day. In this case, flexibility would be required.

Opinions of the Detention Review Panel:

Views/reasons concurring with the port State

Although it may not be mandatory for the vessel to be issued with IAPP certificate, however, the provisions of regulation 13 of the Annex, relating to NOx and Technical Files, applied to this vessel from the date of entry of the Annex (19 May 2005). Therefore the vessel should have been able to produce the technical file for the generators and demonstrate an understanding of the operating parameters to ensure compliance with the NOx requirements. Meanwhile, it is advisable for the PSCO in this very specific case to ask firstly the ship or her RO to submit some evidence proving the compliance of the equipment and then make his final decision on ship/RO's submission:

Views/reasons not supporting the port State

During the PSC inspection the master could not show the Techinal Files for the generator engine. This is correctly identified by the PSCO under code 2530, ISM related resources and personnel -not familiar with Marpol An. VI with an action taken code 18. So why should the ship be detained if the PSCO is giving 3 months for ships personnel to familiarize with the ships documents. Further more the Technical Files for the generator were presented to the PSCO the next day, the files were on board it was only a matter of time to locate this file, PSCO could have asked that the deficiency be rectified before departure, the files were not missing or invalid for the type of machinery. It seemed that the PSCO did not carried out further check or investigation to confirm whether the generator was actually complied with the requirements but just detained the ship for not showing a document during initial inspection. No recommendation was made since there was no unanimous opinion reached by the Detention Review Panel.

Case15

A bulk carrier was built in 1983. Oily water separating system that was installed onboard was in compliance with MEPC. 60(33). In May 2006, the faulty Oil Content Meter (OCM)/15ppm alarm was replaced with a new one. This replacement unit was also in compliance with MEPC. 60(33). Port state authority detained the vessel because the OCM that was replaced in 2006 was not in compliance with MEPC. 107(49). The owner was made to replace the OCM to that in compliance with MEPC. 107(49). The responsibility for the deficiency was assigned to the RO. The RO disagreed about this detention with the views of the following:

- Replacement of the OCM complied with MEPC. 107(49) can not make the oily water separating system capable to handle emulsion and high viscosity and high specific gravity oil, which is the main requirement MEPC. 107(49) because the existing oily water separator (OWS) is based on Resolution MEPC. 60

(33).

- According to 1.3.1 of MEPC. 107(49), new installations fitted on or after 1 January 2005 to ships, the keel of which were laid or which were at a similar stage construction before 1 January 2005 in so far as is reasonable and practicable. In this case it is not reasonable and practicable as the system currently onboard is not meeting the main intent of the separating requirement required by Resolution MEPC. 107(49).

- By virtue of the statement "reasonable and practicable", it can be interpreted that the guidelines contained in MEPC. 107(49) are not mandatory, otherwise what dose this statement means.

Question:

Do you agree with the views by the RO and why?

Summary:

In general, the views by the RO can not be supported for the following reasons:

- 15ppm alarm/OCM and oily water separator are separate equipment/installation as they are mentioned separately in both the convention and the guidelines;
- paragraph 1.3.1.2 of MEPC. 107(49) should be interpreted that new/replacement of installations fitted/ordered on or after 1 January 2005 should comply with the revised guidelines while new/replacement of installations fitted/ordered before 1 January 2005 may comply with the revised guidelines in so far as is reasonable and practicable;

otherwise ships built before 1 January 2005 would be considered having the right not to comply with the revised guidelines forever;

- although the guidelines itself are not mandatory in general terms, once the guidelines are referred to in the convention, they become mandatory; paragraph 7 of Regulation 14 of MARPOL Annex I for 15ppm alarm/OCM gives clear reference to the guidelines;
- The application of MEPC. 60(33) and MEPC. 107(49) is shown in the diagram. However, for this specific case, it would be more appropriate that the PSC officer points out that the replaced 15ppm alarm needs to comply with

MEPC. 107(49) to the flag State and the RO rather than detaining the vessel and requesting replacement of new 15ppm alarm.

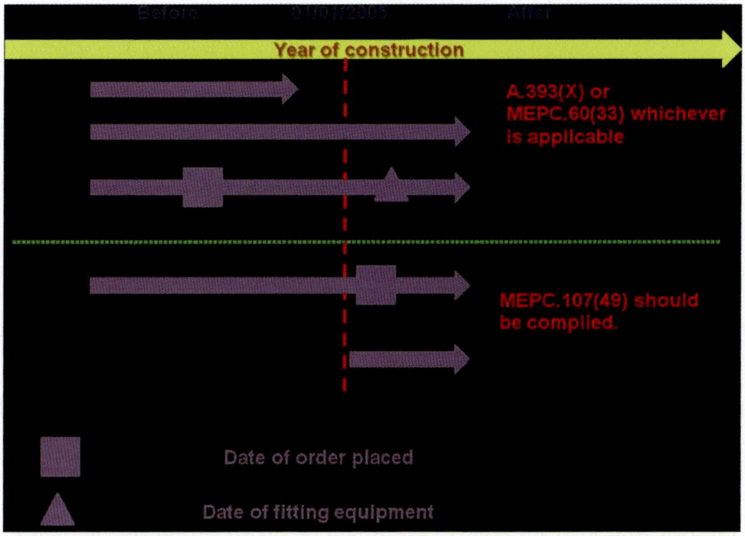

附录 2

巴黎备忘录典型案例

Case1

The M/V IOANNA G (IMO 7807413) is a bulk carrier adapted for carrying timber cargo on deck, flying the flag of Panama, 9640 GT, built in 1978 and classified by Polish Register of Shipping (PRS). The vessel called at Las Palmas (Canary Islands, Spain) port on April 3rd 2009 being eligible for an expanded inspection. The ship had no previous inspection records in the Paris MoU region. Due to the unsafe access conditions to the ship in the first berth upon her arrival, the inspection has to wait until she was moored in another location of the same port. The first visit on board took place on April 6th 2009. A total of 22 deficiencies were observed as a result of the inspection, out of which 10 were considered to be posing in serious risk the maritime safety and the marine environment, granting the detention of the ship.

The detainable deficiencies were related, amongst other aspects, to the lack of compliance with the Enhanced Survey Programme (ESP), overall corrosion of ship's structure, prevention of accidents due to the unsafe stowage and securing

of the timber cargo on deck, essential radio-communication equipment being in non-operative condition and ISM due to the general lack of maintenance of ship and equipment. Besides this, the survey carried out in the same port by the classification society (Polish Register of Shipping, PRS) raised more than 30 serious structural deficiencies. The classification society refused to issue the Safety Construction Certificate to the ship in view of the overall condition of the ship. The bulwarks were heavily deteriorated and holed due to severe corrosion. The timber cargo was unsafely stowed and fully occupying the main deck, without leaving any safe passage for the crew and interfering with the necessary ship's operations. The provisions of the International Convention on Load Lines at this respect (Reg. 44) were totally disregarded. Uprights were not properly maintained, with evident signs of rust, some of the sockets presented holes due to the overall corrosion of the ship's structure, prevention of accidents due to the unsafe stowage and securing of the timber cargo on deck, essential radio-communication equipment

being in non-operative condition and ISM due to the general lack of maintenance of ship and equipment.

Besides this, the survey carried out in the same port by the classification society (Polish Register of Shipping, PRS) raised more than 30 serious structuraldeficiencies. The classification society refused to issue the Safety Construction Certificate to the ship in view of the overall condition of the ship. The bulwarks were heavily deteriorated and holed due to severe corrosion. The timber cargo was unsafely stowed and fully occupying the main deck, without leaving any safe passage for the crew and interfering with the necessary ship's operations. The provisions of the International Convention on Load Lines at this respect (Reg. 44) were totally disregarded. Uprights were not properly maintained, with evident signs of rust, some of the sockets presented holes due to the overall corrosion of the ship's structure, and the lashing was neither efficient nor safe.

Deficiencies affecting the working and living conditions on board (unhygienic sanitary fac-ilities, not enough food for the intended trip, etc.) were also found on board. After several visits on board to verify the progress of the rectification of some of the deficiencies, the ship was authorized to sail to a repair yard in Gdynia (Poland), with an intermediate call at La Rochelle (France) to unload the cargo.

The ship was finally released from detention on May 4th 2009. Upon her arrival to La Rochelle on May 13th 2009, the cargo was totally discharged allowing the inspection of cargo holds by local PSCO's and the pressure testing by overflow of the lower water ballast tanks.

Temporary repairs were carried out at La Rochelle, allowing the classification society to renew the class certificates until December 2009 with certain class conditions to be dealt with before end of October. With flag Administration agreement, the recognized organization issued new statutory certificates valid until December 2009.

The ship was allowed to sail from La Rochelle on July 27th 2009 and in three months shall call a repair yard to carry out final repairs in dry dock under classification society super-vision.

Case2

M/V Lady Lina, IMO 7119525 called at Monopol (Italy) on 16TH of august

2010 for discharging sand in bulk. The ship was liable for mandatory inspection according to the Paris MoU procedures having her target factor 98 as result from SIRENAC database.

At the beginning, the external ship's conditions did not meet the international safety standards due to heavy rusty and poor maintenance of the hull and, also the ship's crew was not able to assist the PSCO during the inspection.

The survey, according to procedures, started with ship documents and plans check. The LRIT Conformance Test Report and Annual Testing of AIS were not found on board. The master tried to receive the above documentation from the owner but without effect.

These two deficiencies were identified and noted as clear grounds for detentionand, also, shown as the company SMS was not effectively implemented on board regarding the ship documentation (MNC).

A lot of deficiencies became evident during the check of overall condition of the ship:

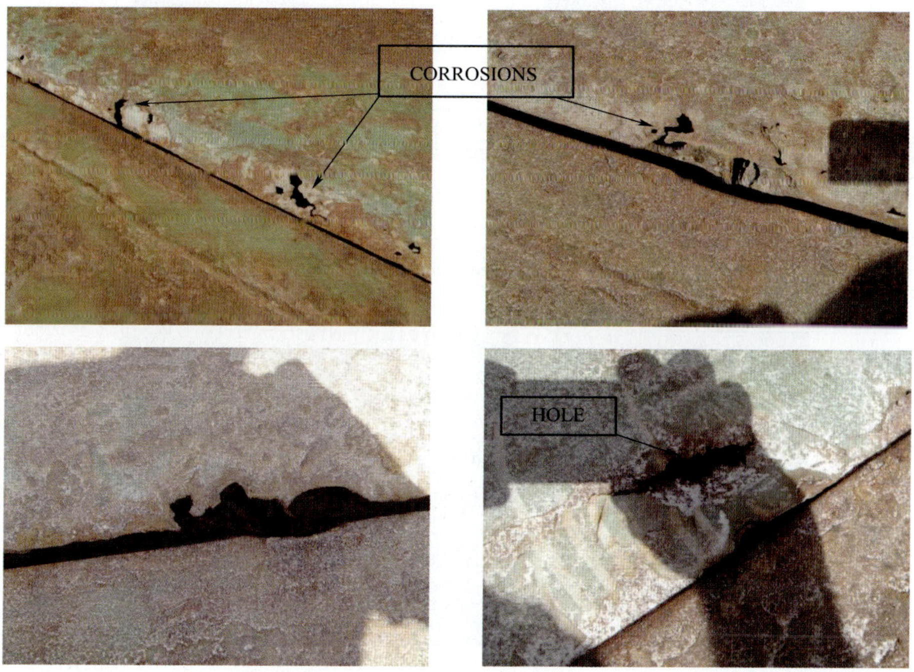

Corrosions and holes were fond affecting hatch covers

A lot of cleats missing and the closure devices were fond not aligned

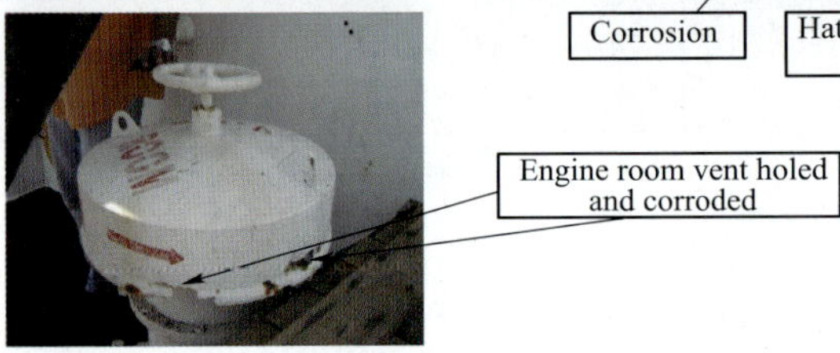

A lot of ship's structural elements were found deformed, corroded showing a lack of maintenance

Electrical panel in forepeak unsafe and not working

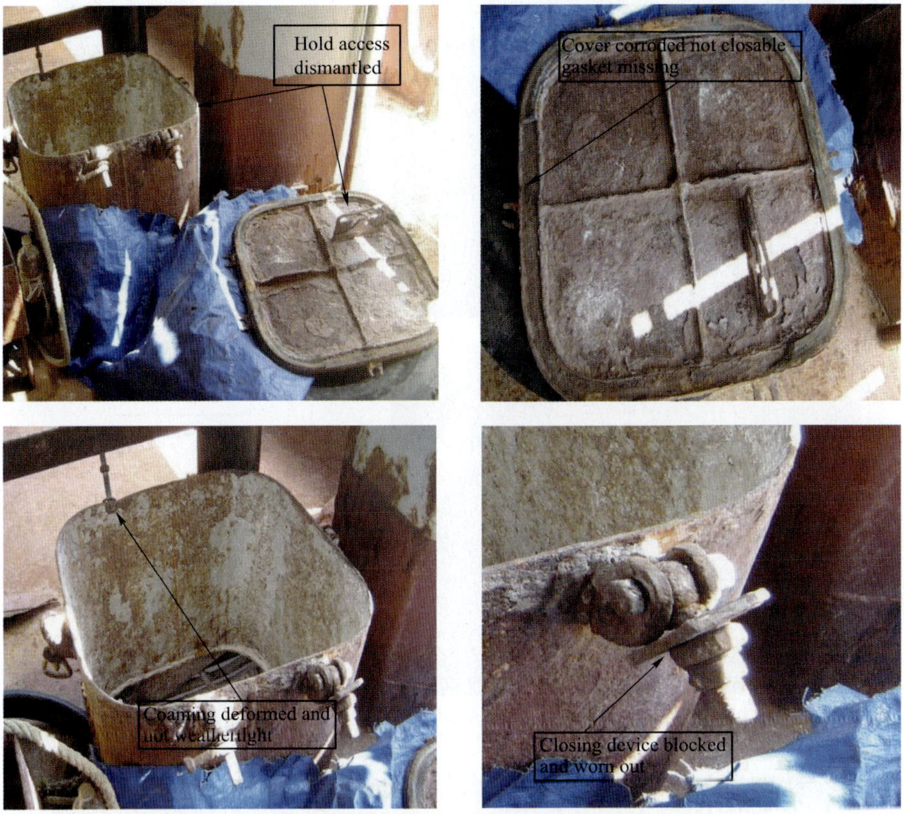

Hold access (stbd side) found corroded, deformed, not closable and with hatch cover dismantled

Diesel generator cooling system has been found with temporary and unauthorized repair and out of working

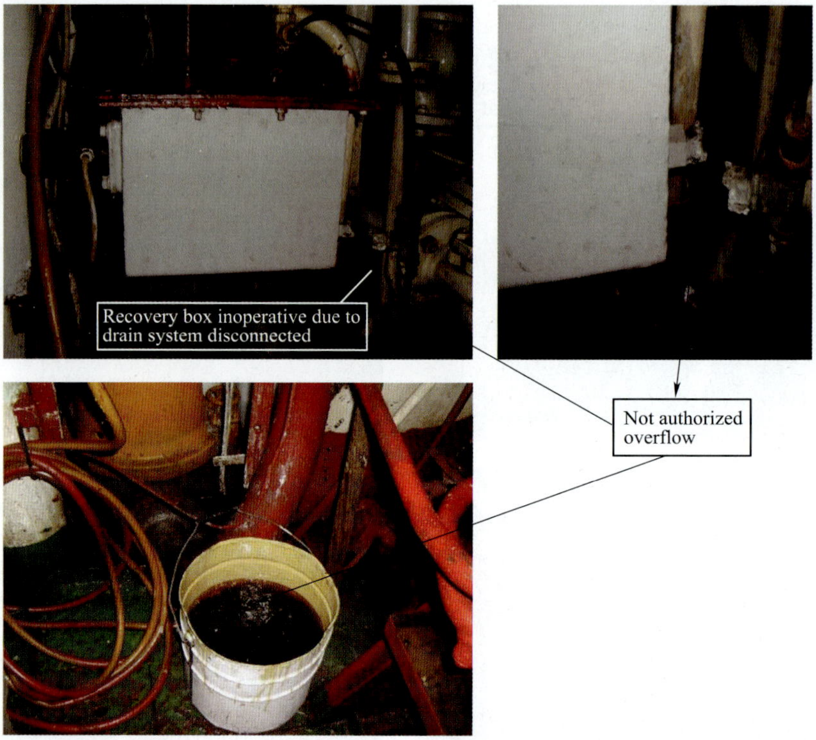

Drain for recovery box for main engine jacketed piping system for hp fuel line found dismantled

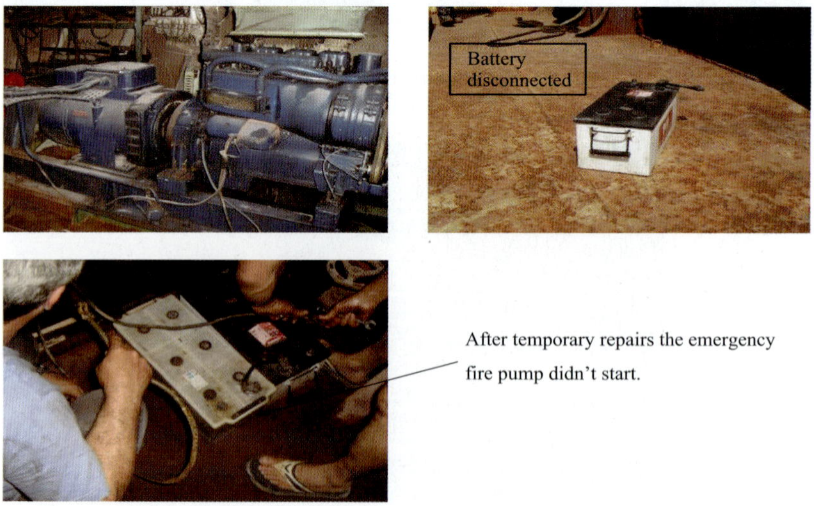

Emergency fire pump in operative and not ready for use due to start batteries missing

All the above structural defects have shown, at the PSCO professional judgment, an evident lack of ship maintenance, in accordance with SMS procedures, and other two major non - conformities, ground of detentions have been reported.

At the end of the inspection the ship was detained as per Paris MoU procedures and Flag State (Togo) and Classification Society (Dromon Bureau of Shipping) were informed.

After a few days a surveyor, appointed by Dromon Bureau of Shipping boarded the ship to carry out a class survey in order to rectify some defects and to determine the conditions to allow the vessel to proceed to repair yard to conduct final repairs. Safety Construction Certificate and Load Line Certificate were endorsed for "single voyage". The nearest and available repair yard accepting the ship was located in Famagusta (Cyprus).

The ship was allowed to sail on 26th of august 2010 after 10 days of detention but she failed to call the agreed repair yard and has been banned

Case3

Ship: 15,893 GT bulk carrier

Build: 1987

When boarding the ship, the PSCO immediately noticed clear grounds for a more detailed inspection of the ship's safety standard and general condition. The PSCO found that the maintenance of especially the accommodation and the ship's deck areas were so poor that the ship should be considered sub standard.

The list of deficiencies include (among others):

Corrosion of rolling and guiding wheels in deck and davit arrangements for lifeboats.

The ship was detained and the Port State Control Inspection was suspended due to the number and nature of the deficiencies found on board.

The flag state and classification society were informed in accordance with the Paris MoU procedures. EMSA was also informed about the Port State Control inspection and on 11 January 2008 a team of EMSA auditors attended the OLGA in Frederica. The flag state had been asked to carry out the necessary inspections and report to the Danish Maritime Administration when the ship is ready to be released from the detention.

Heavy corrosion

Not possible to close tight the fire doors in the crew accomodation

On 18 February 2008 and after some temporary repairs in Frederica, The OLGA was permitted by the flag state to proceed to a shipyard in Klaipeda for further repairs.

Not possible to close / open valve on fire main line forecastle

Case4

M/V SEA BRIDGE

IMO nr. 7526534

Flag: DPR Mongolia

After lifting the ship from banning, she was due for a Mandatory Expanded Inspection (MEI). The Mandatory Expanded PSC PMoU Inspection was carried out on 19 December 2007 on partly discharged ship in Szczecin - Poland by two of our PSC Officers.

27 numbers of deficiencies were noticed:

- In her Statutory Certificates we found some wrong entries, a not updated form IOPP Certificate and Oil Record book with improperly entries.
- On the partly corroded deck we found heavily corroded and a holed hatch cover pontoons.
- We also found perished, broken and holed tarpaulins used as a weather cover over hatch pontoons.
- Beams and frames were heavily corroded, cracked and damaged.
- During the abandon ship drill it was noticed that the crew were not fa-

miliar with the Muster List. The PS lifeboat was found completely seized in its stowage position. Its launching devices were inoperative. The boat could not be moved.

- Windlass found as "a piece of rust", completely corroded with a partial damaged foundation.
- Greased moving parts were not found at all.
- Mooring rollers seized, corroded: were not movable or greased.
- Some of crew sanitary facilities were inoperative.

Ship Safety Management System Major Non Conformity was noticed, the Inspection suspended and detained the ship. Flag State Mongolia and the International Ship Classification in Singapore were informed immediately.

All repairing has been carried out under personal supervising. Principal Surveyor of IS Class arrived from Singapore and the owner's superintendent. Necessary ISM audit has also been carried out. Major NC downgraded to 5 NC. After completion of all necessary supplying and repairing, the ship was lifted from detention on the 4th of December 2007 heading to St. Petersburg-Russian Fed.

Boat ready for PSC re-inspection.

PS lifeboat launching devices seized; not movable

Boat quick release mechanism to be repaired

Corroded and cracked boat hook supports need to be repaired

Hatch cover pontoons found corroded and cracked

Deck corroded.

Tarpaulins perished, damaged, hatch cover pontoons also corroded

Bulwark stays, beams and frames corroded

Mooring rollers seized, and corroded

Inoperative windlass found with heavily corrosion

Corroded and damaged foundation

Heavily corrosion

Rust damages

No greased windlass found

Life raft cannot be used; no release unit provided

Sanitary facilities inoperable

Case5

M/V Celine-I arrived at Hamburg on 08.01.2011 to discharge bulk cargo. An expanded PSC-inspection has been carried out on 10.01.2011. Statutory certificates issued by Bureau Veritas were presented and found all valid until A-pril 2011. The ISM system had been audited by Bureau Veritas and a valid DOC and SMC was available.

The inspection revealed 52 deficiencies of which 12 were considered as ground for detention, for example:

1. Several bars on hatches for securing hooks for covers wasted, holed and bent. Hatch covers can not be properly secured.

2. Door to forecastle not properly closeable.

3. Several ventilation flaps around superstructure not closable.

4. Foundation of hydraulic motor for hatch no. 4 wasted. Chain nut holed. Protection covers of all hydraulic motors missing.

5. Air vent pipe cofferdam between hatch no. 7 and no. 8 holed.

6. Nearly all fire dampers in funnel of engineroom found inoperative.

7. Three out of four breathing apparatus with insufficient pressure or empty.

8. Exhaust gas insulation of aux. engines wetted through with oil.

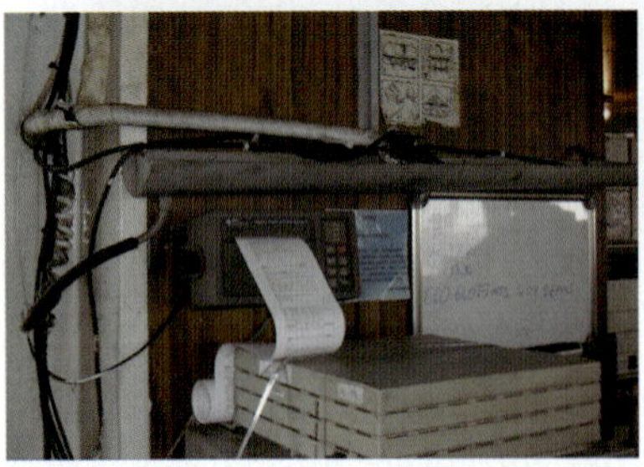

9. ISM system failure. Amongst many others the following deficiencies were found.

10. Several gratings at drip trays for manifolds on both sides damaged.

11. Quick closing valve fwd. fuel oil storage tank inoperative.

12. Second starting device of emergency generator found inoperative. Exhaust gas ventilator of incinerator corroded with holes.

13. Safety valve no. 1 of steam boiler PS shaft for release handle broken.

14. Bilges of aux. engines and steering gear filled with oil.

15. Oil leaks from A/E's and M/E.

16. Unsafe electrical cable connections.

17. Several lights at mast aft not working and/or damaged.

18. Doors on main deck and funnel not properly closable.

19. Lack of notices to mariners, charts not corrected, voyage plan not as required, etc.

At the re-inspection on 17.01.2011 repairs and rectification of the deficiencies were verified. The ship has been allowed to sail. Only one month later Celine-I has been again detained in the UK. The ship has been broken up in June 2011 in a scrap yard in Taizhou-China.

Case6

Keel Laid: 1984

Flag: Panama

Class: International Maritime Bureau Inc.

RO: Panama Maritime Documentation Services Inc

Port of Detention: Portland, UK

Date of Release: 7 September 2012 Date of Detention: 19 June 2012

The Terry Siete is a 3,120gt General Cargo vessel operated by PM Shipping international SA under the Panamanian Flag. She anchored off Portland on the South Coast of the UK on the 14 June 2012 in ballast and came alongside on the 18th.

The vessel was showing as a Priority 2 in Thetis with unexpected factors, having been detained in Croatia in the preceding February. On berthing at Portland she was arrested for non-payment for bunkers at a previous port. The prior detention and subsequent arrest gave concern over her operation and she was targeted for inspection on the 19 June.

The initial impression of the ship on approach was not that bad, her paintwork was in reasonable condition and she did not give any inkling of what was to follow. The inspection followed the normal procedures and checks of the certification revealed only two deficiencies - only a photocopied Bunkers Convention Liability Certificate was available on board and the Chief Engineers Certification had been incorrectly recognized by the flag State.

Once the physical inspection of the vessel started the true extent of the neglect the vessel had suffered, as well as the measures taken to conceal its condition, became apparent. In total, before the inspection was suspended having only completed about half of the spaces on board, a total of 40 deficiencies were identified-12 of which were considered detainable.

Some of the more serious deficiencies identified were:

1. Despite entries in the GMDSS Logbook indicating that the radio station was being routinely inspected and tested the aerial installation gave a different picture with a failed MF/HF Aerial cable and broken support brackets.

2. Holes in accommodation bulkheads, and Accommodation bulkhead holed at deck level through corrosion before being taped over and painted.

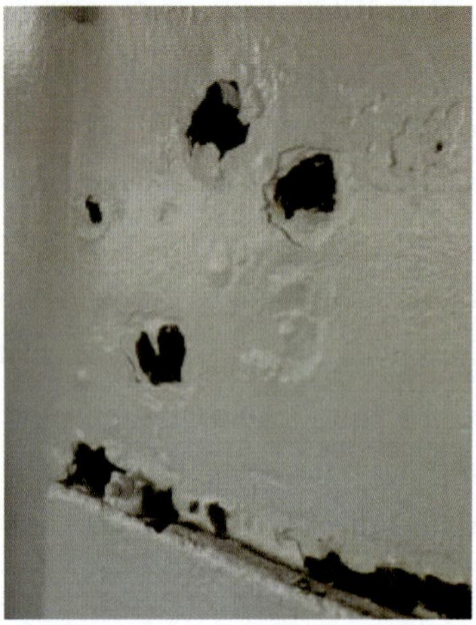

3. Temporary repairs to fire main.

4. Seized fire main isolation valve, and Missing hand wheel on emergency fire pump discharge valve.

5. Cargo hold access hatches not watertight.

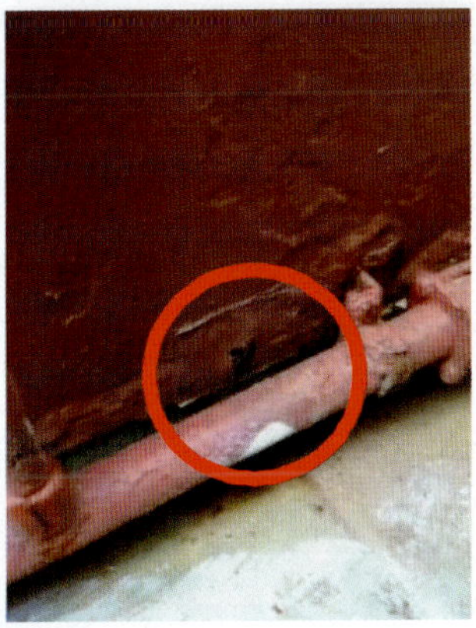

6. No means of securing the foc'sle hatch effectively – The hatch itself was holed through corrosion in one of the lifting sockets.

7. There was no means of effectively securing the hold ventilation hatch covers through corrosion of the lugs. The hatches themselves were corroded so as to prevent their effective closure in any case.

8. Deck in cargo hold at tweendeck level perforated through corrosion.

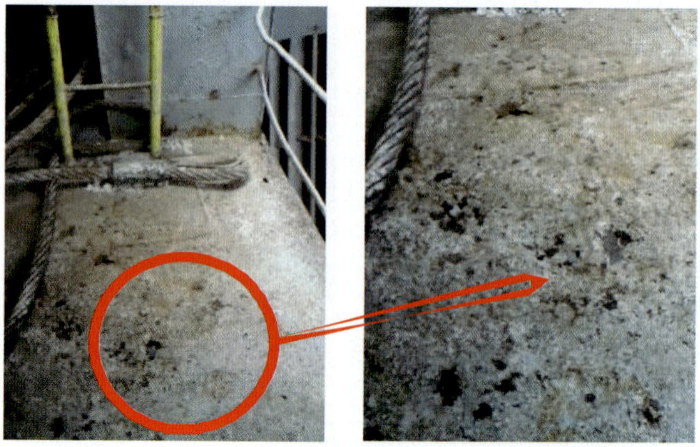

The final structural deficiency identified was of significant concern. On entering the cargo hold it was noted that a large amount of clay granules, the previous cargo, remained in the cargo hold and work was on going to bag it for removal. Noting the cargo and the open ballast tank manhole, it did not take much investigation to reveal the presence of cargo within the ballast tank itself.

Questioning the Master on the source of this cargo the extent of the corrosion to the steelwork of the cargo hold came firmly into focus. Numerous tack welded patches, nicely painted but of little structural value, were identified which could possibly be hiding defects in the structure.

A more detailed examination of the cargo hold bulkheads revealed actual holes in the bulkheads.

It was noted that ballast tank entries were being undertaken on board without any functional process for managing the inherent risk of these activities and an immediate stop was placed on them until such time as they could be carried out in a safe manner.

At this point, and with numerous detainable deficiencies identified, the inspection was suspended and the vessel detained.

The master asked to request the attendance of the flag State or Responsible Organisation to conduct the necessary Surveys and Audits and confirm to the UK Authorities that the vessel was in compliance with the requirements and necessary repairs had been conducted before resumption of the inspection.

Before the completion of the first visit to the vessel the Port Health Authorities also attended and, in the course of their inspection they took water samples.

The analysis carried out by the Port Health Authorities revealed the presence of legionella pneumophila in significant quantities in one of the shower heads, adding further to the corrective measures required of the vessel to ensure the safety and health of those on board.

Following the attendance of the RO and corrective actions by the crew the vessel was presented for the resumption of the inspection on the 26th July 2012, a period of some six weeks since the vessel was initially detained. Work on the structural repairs was ongoing at the time of the inspection and it was recognized that a further visit would be required on completion however, the decision was made to attempt to complete the inspection started the previous month and clear as many of the identified deficiencies as possible on this occasion.

The results of a further test of the fresh water system by the port health authorities showed that the actions of the crew had removed the immediate risk from Legionella in the shower heads and a number of the outstanding deficiencies had been rectified by the crew.

As the resumed inspection continued, however, more deficiencies were identified. Once again, deficiencies were found where tape and paint had been used to conceal holes in the structure, either affecting the watertight integrity of the cargo hold or effectively bypassing fire dampers.

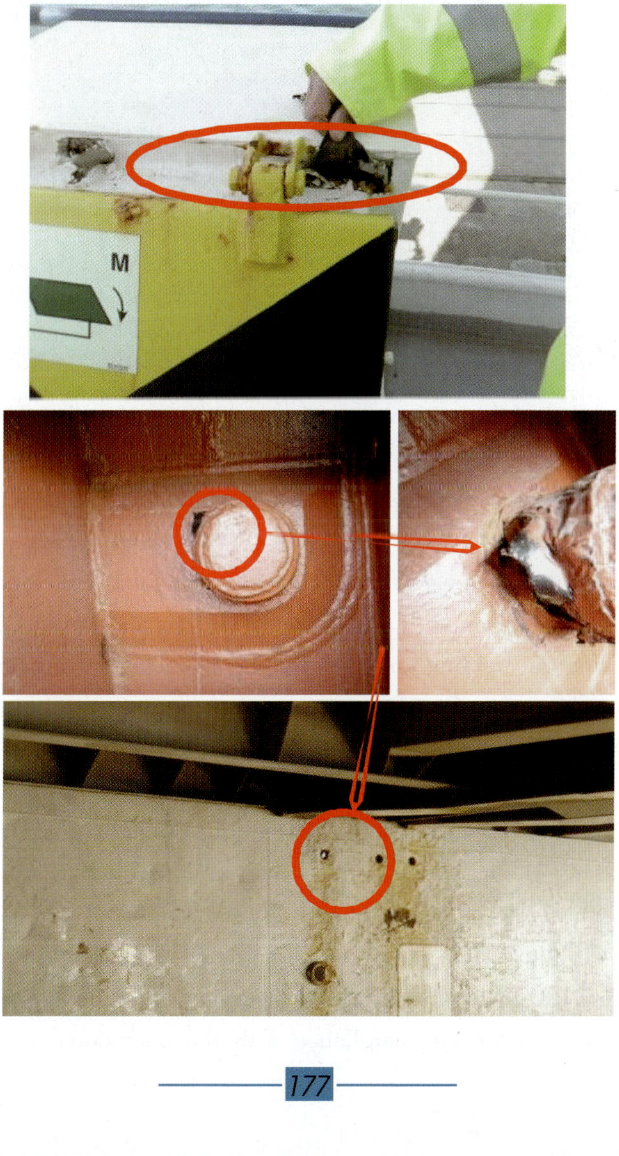

Further structural deficiencies were also identified where extensive corrosion had penetrated the hold coaming at the aft end. Thankfully, and somewhat unusually, the sun was out on the day of the inspection and the holes were plainly visible from inside the hold with the light shining through them. Note the doubled repair adjacent to the hole giving an impression of the repair standards previously applied to the vessel.

The inspection of the engine room was more successful with the space being physically well presented, though the failures within the Safety Management System on board the vessel were again revealed when the records in the Engine Room were inspected.

It was noted that the engine room log book contained next to no information apart from a few comments on the work being undertaken during the proceeding voyages-including the welding up of the bulkheads in the cargo hold on the voyage North from Senegal to Europe.

The oil record book and associated Bunker Delivery Notes were examined and it was discovered that the records indicated that none of the IFO80 taken on board in 2012 had a Sulphur content suitable for burning within a Sulphur Emission Control Area-The minimum Sulphur content of fuel bunkered was 1.7% in March 2012 with the latest delivery being 2.19%, bunkered into empty tanks in Las Palmas on 29 May 2012. No records were being maintained in relation to the changeover from IFO to MGO and indeed the SMS did not contain any processes or procedures whatsoever for compliance with the operational requirements of

MARPOL Annex VI.

Despite the surveys and audits carried out on the vessel, the continued findings of widespread non-compliance resulted in the inspection again being suspended with a number of areas remaining for inspection, most notably the internal structure of the ballast tanks and a drill to assess the ability of the crew to deal with emergencies on board. The deficiency count now numbered into the seventies.

The vessel was left to remedy the non-compliances under the oversight of the attending RO once again and it was not until the 20 August that the inspection team was requested to attend with the vessel being declared as fully compliant by the operators.

After raising a concern in respect of the entry into enclosed space procedures in June, the Inspection team examined the enclosed space entry procedures in detail before going into the ballast tanks and it was a good thing that they did because, though the permits indicated that the tank atmospheres had been tested and were safe, no evidence was available to show that the necessary tests had been conducted. A chemist's certificate was presented as evidence that the tank atmospheres were safe for entry but, not only had the certificate expired on 2 August - nearly three weeks prior to the inspection - but it also did not cover all of the tanks to be entered. Needless to say, there was a delay whist a chemist attended the vessel to guarantee the tank atmospheres were indeed safe before the inspection was made.

The structure in the wing ballast tanks was suffering from excessive corrosion, as well as evidence of number of historical repairs which did not follow the best ship repair practices. The attending RO had examined the tanks and had placed a Condition of Class on the vessel requiring short term repairs to the structure before the next cargo could be carried and this was considered sufficient given the nature of the deterioration noted.

As part of this inspection a Fire and Abandon ship drill was conducted. A simple fire in the focs'le was set up as this location included a number of elements which would demonstrate the ability of the crew to deal with an emergency: The space contained two oxy-acetylene bottles from the ongoing repair work, it had both hydraulic oil and electrical systems in it and was also located adjacent to the paint locker-all elements to be taken into consideration.

The crew patently failed to handle the emergency, the local application of resources, the close-down of the space and the lack of effective communication coupled with an empty breathing apparatus cylinder all contributed to a disparate and ineffective drill. It was acknowledged that the crew was hampered by the lack of a Chief Officer who performed a key role in the emergency organisation but even so the crew were not able to demonstrate any ability to fight a fire on board.

The fire drill was brought to a halt and the signal sounded for man-overboard. The crew were questioned and more than half were unable to describe what the signal that had just heard meant. As the boat installed on board was of the freefall variety the master was asked to demonstrate the lowering of the boat to the water so it could be manoeuvred for the inspection team - this being one of the outstanding deficiencies as there were no records indicating that the boat had ever been manoeuvred in the water - The crew could not be described as familiar with the tasks associated with the safe lowering of the boat and it was decided, to ensure the safety of the crew, to stop the operation.

The boat was eventually lowered to the water without persons on board. The removal of the boat revealed a number of deficiencies with the ramp structure where corrosion had been allowed to progress unchecked to the extent the structure in way of the rollers was holed.

A large number of deficiencies from the previous inspection visits were examined and great headway had been made in correcting them but a significant number remained outstanding. The total deficiency count for the inspection had increased to 80 and a further visit would be required before the vessel could be considered for release.

Time had passed and the inspection team were called back to the vessel once more to release her from detention. A number of repairs were still in progress, notably to the firemain which had failed in a number of places. Two more leaks were identified by the team on the day for rectification before departure.

More emergency drills were witnessed and, despite further observations being raised on the familiarity of the crew with the equipment and the discovery of an empty EEBD Cylinder (which had actually been recorded by the crew a few weeks earlier but no corrective action taken) the performance could be assessed as being to a satisfactory standard.

It is an interesting observation that the empty EEBD cylinder had been identified by the officer responsible for the maintenance of the fire fighting equipment some weeks before but, apart from noting in the maintenance log that it was empty, nothing was done about it. When it was identified the cylinder was recharged within half an hour at a local facility at a cost of only £3 (less than £4).

Finally, all that was required was a pressure test on the repairs made to the fire main. The hoses were rigged and the pump started. The repairs were tight and all looked good until one of the inspection team walked past the fire main isolation valve which had been noted as being seized on the first visit. The valve had a fine spray coming out of the back of it which a slight tap with a hammer made worse. The vessel wasn't quite ready and a further delay in releasing the vessel was required.

Another two days passed and the owner who was on board had asked the manager to ensure all three isolation valves in this position were changed and quite rightly so as the true condition of the valves was revealed when they were removed from the pipe work.

With the new valves installed and the system tested the vessel was released from detention on 7 September 2012 after being held for 80 days in Portland.

A large amount of work is still required on the vessel to bring it up to the required standard for the trade it is intended for and the Conditions of Class imposed require them to be completed before the next cargo.

The shocking state of the vessel is testament to years of neglect by the operator and a lack of effective oversight by the survey organisations tasked with ensuring its safe operation. It was clear that there was a lack of effective and systematic implementation of the requirements of the ISM Code.